淨土三經

中國佛教經典寶藏精選白話版

41

王月清釋譯

星雲大師總監修

佛光山宗務委員會印行

總序

星雲

自讀首楞嚴，從此不嚐人間糟糠味；
認識華嚴經，方知己是佛法富貴人。

誠然，佛教三藏十二部經有如暗夜之燈炬、苦海之寶筏，爲人生帶來光明與幸福，古德這首詩偈可說一語道盡行者閱藏慕道、頂戴感恩的心情！可惜佛教經典因爲卷帙浩瀚，古文艱澀，常使忙碌的現代人有義理遠隔、望而生畏之憾，因此多少年來，我一直想編纂一套白話佛典，以使法雨均霑，普利十方。

一九九一年，這個心願總算有了眉目，是年，佛光山在中國大陸廣州市召開「白話佛經編纂會議」，將該套叢書訂名爲《中國佛教經典寶藏》。後來幾經集思廣益，大家決定其所呈現的風格應該具備下列四項要點：

一、啓發思想：全套《中國佛教經典寶藏》共計百餘冊，依大乘、小乘、禪、淨、密等性質編號排序，所選經典均具三點特色：

1歷史意義的深遠性

2中國文化的影響性

3人間佛教的理念性

二、通順易懂：每冊書均設有譯文、原典、注釋等單元，其中文句鋪排力求流暢通順，遣詞用字力求深入淺出，期使讀者能一目了然，契入妙諦。

三、文簡義賅：以專章解析每部經的全貌，並且搜羅重要章句，介紹該經的精神所在，俾使讀者對每部經義都能透徹瞭解，並且免於以偏概全之謬誤。

四、雅俗共賞：《中國佛教經典寶藏》雖是白話佛典，但亦兼具通俗文藝與學術價值，以達到雅俗共賞、三根普被的效果，所以每冊書均以題解、源流、解說等章節，闡述經文的時代背景、影響價值及在佛教歷史和思想演變上的地位角色。

茲值佛光山開山三十週年，諸方賢聖齊來慶祝，歷經五載、集二百餘人心血結晶的百餘冊《中國佛教經典寶藏》也於此時隆重推出，可謂意義非凡，論其成就，則有四點成就可與大家共同分享：

一、佛敎史上的開創之舉：民國以來的白話佛經翻譯雖然很多，但都是法師或居士個人的開示講稿或零星的研究心得，由於缺乏整體性的計劃，讀者也不易窺探佛法之堂奧。有鑑於此，《中國佛教經典寶藏》叢書突破窠臼，將古來經律論中之重要著作，作有系統的整理，爲佛典翻譯史寫下新頁！

二、傑出學者的集體創作：《中國佛教經典寶藏》叢書結合中國大陸北京、南京各地名校的百位教授學者通力撰稿，其中博士學位者佔百分之八十，其他均擁有碩士學位，在當今出版界各種讀物中難得一見。

三、兩岸佛學的交流互動：《中國佛教經典寶藏》撰述大部份由大陸飽學能文之教授負責，並搜錄臺灣教界大德和居士們的論著，藉此銜接兩岸佛學，使有互動的因緣。編審部份則由臺灣和大陸學有專精之學者從事，不僅對中國大陸研究佛學風氣具有帶動啓發之作用，對於臺海兩岸佛學交流更是助益良多。

四、白話佛典的精華集粹：《中國佛教經典寶藏》將佛典裏具有思想性、啓發性、教育性、人間性的章節作重點式的集粹整理，有別於坊間一般「照本翻譯」的白話佛典，使讀者能充份享受「深入經藏，智慧如海」的法喜。

今《中國佛教經典寶藏》付梓在即，吾欣然為之作序，並藉此感謝慈惠、依空等人百忙之中，指導編修；吉廣輿等人奔走兩岸，穿針引線；以及王志遠、賴永海等大陸教授的辛勤撰述；劉國香、陳慧劍等臺灣學者的周詳審核；滿濟、永應等「寶藏小組」人員的匯編印行。由於他們的同心協力，使得這項偉大的事業得以不負眾望，功竟圓成！

《中國佛教經典寶藏》雖說是大家精心擘劃、全力以赴的鉅作，但經義深邈，實難盡備；法海浩瀚，亦恐有遺珠之憾；加以時代之動亂，文化之激盪，學者教授於契合佛心，或有差距之處。凡此失漏必然甚多，星雲謹以愚誠，祈求諸方大德不吝指正，是所至禱。

一九九六年五月十六日於佛光山

編序

敲門處處有人應

《中國佛教經典寶藏》是佛光山繼《佛光大藏經》之後，推展人間佛教的百冊叢書，以將傳統《大藏經》菁華化、白話化、現代化為宗旨，力求佛經寶藏再現今世，以通俗親切的面貌，溫渥現代人的心靈。

佛光山開山三十年以來，家師星雲上人致力推展人間佛教不遺餘力，各種文化、教育事業蓬勃創辦，全世界弘法度化之道場應機興建，蔚為中國現代佛教之新氣象。這一套白話菁華大藏經，亦是大師弘教傳法的深心悲願之一。從開始構想、擘劃到廣州會議落實，無不出自大師高瞻遠矚之眼光；從逐年組稿到編輯出版，幸賴大師無限關注支持，乃有這一套現代白話之大藏經問世。

這是一套多層次、多角度、全方位反映傳統佛教文化的叢書，取其菁華，捨其艱澀，希望既能將《大藏經》深睿的奧義妙法再現今世，也能爲現代人提供學佛求法的方便舟筏。我們祈望《中國佛教經典寶藏》具有四種功用：

一、是傳統佛典的菁華書——中國佛教典籍汗牛充棟，一套《大藏經》就有九千餘卷，窮年皓首都研讀不完，無從賑濟現代人的枯槁心靈。《寶藏》希望是一滴濃縮的法水，既不失《大藏經》的法味，又能有稍浸即潤的方便，所以選擇了取精用弘的摘引方式，以捨棄龐雜的枝節。由於執筆學者各有不同的取捨角度，其間難免有所缺失，謹請十方仁者鑒諒。

二、是深入淺出的工具書——現代人離古愈遠，愈缺乏解讀古籍的能力，往往視《大藏經》爲艱澀難懂之天書，明知其中有汪洋浩瀚之生命智慧，亦只能望洋興歎，欲渡無舟。《寶藏》希望是一艘現代化的舟筏，以通俗淺顯的白話文字，提供讀者遨遊佛法義海的工具。應邀執筆的學者雖然多具佛學素養，但大陸對白話寫作之領會角度不同，表達方式與臺灣有相當差距，造成編寫過程中對深厚佛學素養與流暢白話語言不易兼顧的困擾，兩全爲難。

三、是學佛入門的指引書——佛教經典有八萬四千法門，門門可以深入，門門是無限寬廣的證悟途徑，可惜缺乏大衆化的入門導覽，不易尋覓捷徑。《寶藏》希望是一支指引方向的路標，協助十方大衆深入經藏，從先賢的智慧中汲取養分，成就無上的人生福澤。然而大陸佛教於「文化大革命」中斷了數十年，迄今未完全擺脫馬列主義之教條框框，《寶藏》在兩岸解禁前即已開展，時勢與環境尚有諸多禁忌，五年來雖然排除萬難，學者對部份教理之闡發仍有不同之認知角度，不易滌除積習，若有未盡中肯之辭，則是編者無奈之咎，至誠祈望碩學大德不吝垂教。

四、是解深入密的參考書——佛陀遺教不僅是亞洲人民的精神皈依，也是世界衆生的心靈寶藏，可惜經文古奧，缺乏現代化傳播，一旦龐大經藏淪爲學術研究之訓詁工具，佛教如何能紮根於民間？如何普濟僧俗兩衆？我們希望《寶藏》是百粒芥子，稍稍顯現一些須彌山的法相，使讀者由淺入深，略窺三昧法要。各書對經藏之解讀詮釋角度或有不足，我們開拓白話經藏的心意卻是虔誠的，若能引領讀者進一步深研三藏教理，則是我們的衷心微願。

在《寶藏》漫長五年的工作過程中，大師發了兩個大願力——一是將文革浩刧斷滅將盡的中國佛教命脈喚醒復甦，一是全力扶持大陸殘存的老、中、青三代佛教學者之生活生機。大師護持中國佛教法脈與種子的深心悲願，印證在《寶藏》五年艱苦歲月和近百位學者身上，是《寶藏》的一個殊勝意義。

謹呈獻這百餘册《中國佛教經典寶藏》爲　師父上人七十祝壽，亦爲佛光山開山三十週年之紀念。至誠感謝三寶加被、龍天護持，成就了這一椿微妙功德，惟願《寶藏》的功德法水長流五大洲，讓先賢的生命智慧處處敲門有人應，普濟世界人民衆生！

目錄

題解

淨土，就是莊嚴清淨，沒有五濁汚染的極樂世界，是諸佛、聖者所居住的國土。中國佛教宗派之一淨土宗，即是以往生西方極樂淨土爲目的，專修往生阿彌陀淨土的法門。從東晉慧遠與十八高賢在廬山結白蓮社，同修淨業，到東魏曇鸞感人命危脆，赴江南求長生之法於「山中丞相」陶弘景，歸途獲《觀無量壽經》一部，繼而專弘淨土法門，到隋唐時道綽、善導正式創宗，盡力傳布，淨土宗勢力在中土蔚爲大觀。

此宗的主旨是以修行者的念佛爲內因，以阿彌陀佛的願力爲外緣，內外相應，往生西方淨土。在思想內容上，主要以「信、願、行」爲宗。倡導對西方淨土的實有和念佛必定往生等產生堅定的信心，並且明確立誓發願死後往生西方淨土，繼而眞實地依教修行，如念佛、修禪、積德等，這樣，命終之際，阿彌陀佛會前來接引修行者往生西方極樂淨土。宋初以後，禪、律、天臺、華嚴學者無不兼弘淨土，奉阿彌陀佛的淨土信仰在中土佛教漸趨衰微的情勢下仍廣爲流行，甚至出現「家家阿彌陀，戶戶觀世音」的淨土盛行氣象。與此同時，禪宗與淨土宗的合流，更是增進了中土佛教的特色。

本書所集的淨土三經，就是淨土宗所依據的主要經典。這三經即是：《無量壽經

》、《觀無量壽經》、《阿彌陀經》。《無量壽經》敍說阿彌陀佛因位的願行和果上的功德，及攝受十方念佛衆生。《觀無量壽經》向人們顯示往生淨土的行業，即告訴人們如何修行淨土法門。《阿彌陀經》顯示淨土的正、依報莊嚴，極樂世界的美妙和執持阿彌陀佛名號的種種利益及方便，並讚歎阿彌陀佛不可思議之功德。

淨土經典在中土的傳譯有一個不斷發展的過程，以支婁迦讖、竺佛朔共譯《般舟三昧經》（公元一七九年）爲嚆矢，之後陸續有譯本問世。三國時代支謙譯出《大阿彌陀經》二卷，詳述彌陀在因位發願及極樂淨土的莊嚴，爲淨土宗重要的經典。曹魏時康僧鎧譯《無量壽經》，西晉竺法護譯出《無量清淨平等覺經》二卷（內容與大阿彌陀經相似）。

此外，復有支謙的《慧印三昧經》、《無量門微密持經》，竺法護的《德光太子經》、《決定總持經》、《阿彌陀佛偈》等。姚秦弘始三年（公元四〇一年），鳩摩羅什譯出《阿彌陀經》、《十住毘婆沙論》等，略說極樂淨土的莊嚴，爲自古最盛行讀誦者。其後相繼有北涼曇無讖譯《悲華經》十卷（公元四一九年），劉宋寶雲譯《新無量壽經》二卷（公元四二一年），畺良耶舍譯《觀無量壽經》一卷（公元四二四年）。隨著淨土經典的傳譯日漸完備後，《無量壽經》、《觀無量壽經》和《阿彌陀經》成爲後世尊奉的三部主要的淨土經典。由於存在一典數譯的情況，所以淨土三經在後世的一般通行本是曹魏康僧鎧譯的《無量壽經》、劉宋畺良耶舍譯的《觀無量壽經》、姚秦鳩摩羅什譯的《阿彌陀經》。

康僧鎧是三國時代的譯經僧，梵名音譯僧伽跋摩，相傳爲印度人，但從他的名字所冠的康姓來看，可以推測他與中亞康居國有關。曹魏嘉平四年（公元二五二年）至洛陽，於白馬寺譯出《郁伽長者經》二卷、《無量壽經》二卷、《四分雜羯磨》一卷等。

畺良耶舍（公元三八三——四四二年）是劉宋時代的譯經家。西域人，據《梁高僧傳》卷三載：畺良耶舍性剛直、寡嗜欲，善誦阿毘曇，博涉律部，其餘諸經多所欲綜。雖三藏兼明，而猶精禪觀。劉宋文帝元嘉元年（公元四二四年）赴建業，居於鍾山道林精舍，譯出《觀無量壽佛經》、《觀藥王藥上二菩薩經》。元嘉十九年西遊岷蜀，所到之處弘道說法，禪徒群聚。後還江陵，不久即入寂，享年六十。

《阿彌陀經》的譯者姚秦譯經大師鳩摩羅什（公元三四四——四一三年，或公元三五〇——四〇九年），原籍天竺，出生於西域龜茲國（新疆疏勒），是我國四大譯經家之一。父母都奉佛出家，素有德行。羅什自幼聰敏，七歲從母入道，遊學天竺，遍參名宿，博聞強記，譽滿五天竺。後歸故國，王奉為師。前秦苻堅聞其德，遣驍騎將軍呂光等率兵迎之。呂光西征既利，遂迎羅什，但於途中得知苻堅敗沒，於是呂光在河西自立為王，羅什因此羈留涼州十六、七年。直至後秦姚興攻破呂氏，羅什始得東至長安，時為東晉隆安五年（公元四〇一年）。

姚興於長安設立佛經大譯場，以國師之禮恭請鳩摩羅什主持譯經事業，並把他迎去西明閣逍遙園居住。譯經之暇，開講佛法，聽者如雲，無不稽首折服。此後在長安的十多年裏，是羅什一生事業上最輝煌的頂點。他先後譯出有《中論》、《百論》、《十二門論》（以上合稱三論）、《般若經》、《法華經》、《大智度論》、《阿彌陀經》、《維摩經》、《十誦律》等經論。其譯經的總數說法不一，《出三藏記集》稱三十五部，二九四卷；《開元釋教錄》則說是七十四部，三八四卷。自佛教入傳，漢譯佛經日多，但所譯多滯文格義，不與原本相應，羅什通達多種外國語言，中文根基深厚，所譯的包括《阿彌陀經》在內的經典，文體簡潔曉暢，文字優雅可誦，內容卓拔超群。羅什一生致力弘通的法門，當爲般若系的大乘經典，以及龍樹、提婆系的中觀部論書的翻譯。

他譯的經典，對中土佛教的發展有很大的影響，除《阿彌陀經》、《十住毘婆沙論》成爲淨土宗所依的經論之外，《中論》、《百論》、《十二門論》，由道生傳於南方，經僧朗、僧詮、法朗，至隋代吉藏而集三論宗之大成；再加上《大智度論》，而成四論學派。所譯的《法華經》，肇啓天臺宗的端緒；《成實論》爲成實學派的根本要典；《坐禪三昧經》的譯出，促成了「菩薩禪」的流行；《梵網經》一出，中土得傳大乘戒；《十誦律》則提供了研究律學的重要資料。由於當時義學沙門雲集長安，歸向羅什或聽他說法的不可勝數，號稱弟子三千，其中最著名的，有僧肇、道生、道融、僧叡等。世壽七十時，羅什入寂，入滅後，有關方面在逍遙園裏按照佛教儀式，進行火化，果眞薪滅形碎之後，羅什舌不焦爛。

需要說明的是，除了「淨土三經」外，還有「淨土五經」的說法，那是在上述三部經典外，再加上唐天竺沙門般刺密諦譯的《大佛頂首楞嚴經・大勢至菩薩念佛圓通章》及唐罽賓國三藏般若譯的《大方廣佛華嚴經・普賢菩薩行願品》。前者主要講述如果衆生一心念佛，佛一定會因此「現前當來」，所以「必定見佛」，後者主要論述普賢菩薩的十大行願。

此外，還有「淨土三經一論」的說法。「三經」是指前述的《無量壽經》等淨土三經，「一論」是指古印度世親著，北魏菩提流支譯的《往生論》，全稱《無量壽經優波提舍願生偈》，它依據《無量壽經》，讚頌阿彌陀佛極樂淨土的美妙，勸人修持禮拜、讚歎、作願、觀察、回向等「五念門」，認爲如果這樣做，死後可往生西方淨土。

本書所收錄的淨土三經以金陵刻經處同治五年重刊本《淨土四經》爲底本。淨土四經的會校匯刊者是近代著名思想家魏源。魏源（公元一七九四——一八五七年）字默深，晚年受「菩薩戒」後，易名承貫。生於清乾隆五十九年，是中國近代史上的一位進步思想家。他七、八歲時，入塾讀書；十五歲中秀才，二十歲中拔貢，二十九中舉人。之後，考進士不中，捐了一個內閣中書舍人（五十二歲，始中殿試第三甲，賜同進士出身）。後來，還曾做過知縣、知州等地方官，也曾做過某些邊疆大吏的幕僚。

魏源早年研究佛學，三十五歲從禪學大師錢林伊庵居士問法。後來魏源在京師紅螺寺從淨土宗法師悟和（名瑞安）研習淨土要義，晚年專心淨土，自稱「菩薩戒弟子魏承貫」。一八五三年十一月，魏源辭官南歸，其全家僑居興化，魏源則棲居於蘇杭等地，手訂平生著述，晨夕靜坐參禪，會譯並輯《無量壽經》、《觀無量壽經》、《阿彌陀經》和《普賢行願品》爲《淨土四經》，分別爲之作敍，並冠以總敍一篇。死前一年（公元一八五六年），手錄四經，自高郵寄書好友周詒樸，請其刊刻流布。同年秋，遊杭州，寄宿僧舍，於一八五七年（咸豐七年）三月初，在杭州東園僧舍中凝坐而逝，時年六十四歲。

清初以降，淨土一躍而爲佛敎各宗，以及學界和民間的共同信仰，人們紛紛尋求淨土經典所展示的極樂境界，期望通過讀誦經典，起信生解，依敎修行，從而找到安慰自己心靈的精神家園。歷代以來，淨土經典，特別是《無量壽經》等，譯本繁多，互有優劣彰晦，不利於流通。魏源在輯淨土經卷爲書時，有選擇地會輯漢、魏、吳、宋等數譯，集成新會校本《無量壽經》、《觀無量壽經》、《阿彌陀經》。

值得一提的是，他把立法界緣起爲理論體系，被稱爲性起法門的華嚴宗的經典《

大方廣佛華嚴經》第四十卷〈入不思議解脫境界普賢行願品〉，納入經集中而成《淨土四經》。在淨土四經總敘中，他指出納〈普賢行願品〉的目的就是要「明心佛之無盡」，強調人的「心」、「念」作用。他選擇〈普賢行願品〉代表的「心性本覺」的思想作爲淨土的歸宿，反映出他淨土思想中強調心性的特質，也反映了他憑藉他力，又強調自力，贊成持名，又不廢發觀想的思想傾向。總之，引〈普賢行願品〉入淨土四經是魏源的獨創。

淨土四經的刊行，其版本質量和學術影響都得到公允和稱讚。近代佛學復興的旗手，自稱淨業弟子的楊文會居士在重刊魏源的淨土四經的跋中說：「淨土一門，普被群機，廣流末法，實爲苦海之舟航，入道之階梯也。」他很爲淨土宗的經卷「迄不可得」而深感遺憾，後「見此本於王梅叔處……喜出望外。此本爲邵陽魏公默深所輯」。楊文會尤其強調：「魏公一片婆心，末學咸受其惠。」近人李世由也說：「龔言天臺家言，魏修淨土。金陵刻經處首出淨土四經，即魏氏校訂本。」（李世由《暾盧類稿》甲編）

魏源自己也在淨土四經總敘中道出了「合刊四經，以廣爲流通，普與含靈，同躋正覺」的心願。在輯訂淨土四經時，他發心廣大，又精於文字，後世公認爲魏氏《淨土四經》是盡善本。魏源所輯的淨土四經中，用力最勤的當數《無量壽經》。

《無量壽經》屬於「我佛屢說，諸師競譯，東來最早，譯本獨多」的一部佛教經典。此經在中土譯本極多，古來即有「五存七缺」十二種之說：

㈠《無量壽經》二卷，東漢安世高譯，今已不存。
㈡《無量清淨平等覺經》四卷，東漢支婁迦讖譯。（簡稱「漢譯」）
㈢《阿彌陀經》二卷，三國吳支謙譯。（簡稱「吳譯」）
㈣《無量壽經》，曹魏康僧鎧譯，即後世較爲流行的「魏譯」。
㈤《無量清淨平等覺經》二卷，曹魏帛延譯，今已不存。
㈥《無量壽經》二卷，西晉竺法護譯，今已不存。
㈦《無量壽至眞等正覺經》一卷，東晉竺法力譯，今已不存。
㈧《新無量壽經》二卷，東晉佛陀跋陀羅譯，今已不存。
㈨《新無量壽經》二卷，劉宋寶雲譯，今已不存。
㈩《新無量壽經》二卷，劉宋曇摩蜜多譯，今已不存。

(十一)《大寶積經無量壽如來會》二卷，唐代菩提流志譯，簡稱「唐譯」。
(十二)《大乘無量壽莊嚴經》三卷，北宋法賢譯，簡稱「宋譯」。

近代學者，如日本常盤大定、望月信亨、中村元等人，根據歷代經錄的記載、敦煌本的新資料、梵文原本的對照研究，對古來十二譯之說提出了質疑，認為本經前後僅有五種譯本而已，也就是上面記述的十二譯本中的第三、第五、第十一、第十二譯本，另加上西晉竺法護譯的《無量壽經》二卷，其餘多為重複訛偽的記錄。此外，日本野上俊靜進一步主張本經是竺法護譯於西晉永嘉二年的譯本，而非康僧鎧所譯。

不管如何，現存世的五種譯本，即漢、吳、魏、唐、宋五譯本，差異較大，不但文字詳略懸殊，而且內容也有差別。例如彌陀因地大願，漢吳兩譯為廿四願，宋譯是三十六願，魏唐兩譯是四十八願。且大願的內容，各譯也不同。至於造成諸譯不同的原因，學者一般認為《無量壽經》，乃佛多次宣說，梵本不一。譯者所據不同，再加上譯筆的巧拙有差，所以造成譯文有異。到目前為止，研究者已發現本經梵文原本有好幾種。

一八八三年，英國學者麥克斯・穆勒與日本南條文雄共同出版原文本。一九〇八年，南條文雄將此版譯為日文。一九一七年，日本荻原雲來又根據高楠順次郎、河口慧海兩人自尼泊爾所發現的梵文及藏譯本，重新改訂穆勒出版的梵文本，又譯為日文本，英文本。此外，寺本婉雅、青木文敎兩人也曾先後將西藏本譯為日文出版。

大致看來，《無量壽經》的魏譯本文辭詳贍，義理圓足，唐譯本與之相差不大，似乎出於同一梵本。宋譯也很明暢，但辭句前後差異很大。漢吳二譯，文辭拙澀，而義有相補備之處。

由於五譯互有出入，所以自宋迄今，產生出四種會校本：

(一)《大阿彌陀經》　宋國學進士龍舒王日休校輯。

(二)《無量壽經》　清菩薩戒弟子彭際清節校。

(三)《摩訶阿彌陀經》　清菩薩戒弟子承貫邵陽魏源會譯。（原名《無量壽經》，後經正定王蔭福居士校訂，並改今名）

(四)《佛說大乘無量壽莊嚴清淨平等覺經》　現代菩薩戒弟子鄆城夏蓮居會集。

王日休的校輯本問世後，取代了魏譯本《無量壽經》的流傳地位。王日休本《無量壽經》雖然廣為流通，並收入龍藏與大正藏，但王本也有得有失。蓮池大師在《無量壽經疏鈔》中說：「王氏所會，較之五譯，簡易明顯，流通今世，利益甚大。但其不由梵本，唯酌華文，未順譯法……。」王氏自序中也說過：「其文碎雜而失統，錯亂而不倫者，則用其意而修其辭。」顯然，王氏本有不取原語、任意發揮的偏弊。

彭際清鑒於王本之失，而專就魏譯去其繁複，並按雲棲本，校輯成彭氏本《無量壽經》，但此本只是魏譯本的節校本，並非諸譯的會集本。與魏譯本相比，彭際清本削去了繁雜，優於魏譯。近代丁福保居士在作《無量壽經箋註》時，所注的就是彭氏本。但彭本畢竟是節校本，並不能補王氏之失，所以仍不能稱爲善本。

以上第三種會譯本，即魏源所輯淨土四經中的《無量壽經》，在該會譯本中，力求避免王日休校輯本的偏失，備取五譯，會成一經，力求句句有來歷，用心良苦，所願極勝，所成亦偉，被學界公認爲善本。清代同治中王蔭福居士極是推崇魏本，並說：「近世邵陽魏居士復本雲棲大師之說，遍考諸譯，別爲一書。包舉綱宗，文辭簡當，乃得爲是經之冠冕。」王蔭福居士把魏源的會譯本盛讚爲諸本中的最好本。

由上可知，淨土三經的版本取魏源會輯的《淨土四經》是可行的。

從學術價值來看，魏源會輯的淨土四經中的總敍、無量壽經會譯敍、觀無量壽經經敍、阿彌陀經敍以及無量壽經中的夾注等，都反映了當時淨土思想發展的最高水平。由於淨土三經原典篇幅不長，所以本書全輯也全譯了原典。金陵刻經處原淨土四經版本中《無量壽經》中的魏氏夾注全部刪除，原本中的魏氏等人的敍文也沒有附輯。至於現代佛學者夏蓮居老居士的會譯本，因考慮其篇較長，所以沒有選取該本。

《觀無量壽經》的漢譯現存僅此一本，所以無需多加考慮其他譯本或版本問題。

《阿彌陀經》在中土弘傳極盛，史載曾三次漢文譯出。第一次是姚秦弘始四年（公元四〇二年）二月八日鳩摩羅什在長安逍遙園譯出。第二譯是劉宋孝建年中（公元四五四——四五六年）求那跋陀羅在荊州辛寺譯出，名《小無量壽經》，今已失傳。第三譯是唐永徽元年（公元六五〇年）正月一日玄奘在長安大慈恩寺譯出，名《稱讚淨土佛攝受經》。另外，此經的藏文譯本，是由施戒與智軍共譯出（也有說是由慧鎧日帝與智軍共譯）。但漢譯本中，鳩摩羅什譯本因文辭平易而流暢簡明，早已成爲漢地佛教學人所樂誦的定本，因此《阿彌陀經》取羅什譯本。

最後，將淨土三經題名的含義作一簡要的解釋。無量壽，是梵語意譯而成，即爲阿彌陀佛之意。阿彌陀，梵語Amitabha的音譯，即阿彌陀佛。阿彌陀佛，爲西方極樂世界的教主，淨土宗的主要對象。因能接引念佛人往生「西方淨土」，所以又稱「接引佛」。阿彌陀原是一個國王，後發心出家，名法藏比丘，對佛發四十八願（或者二十四願）。經勤苦修行成佛後，現出一個清淨世界，接引衆生往生那裏去修行。該佛還另有十三個名號，即無量壽佛、無量光佛、焰王光佛、清淨光佛、歡喜光佛、智慧光佛、不斷光佛、難思光佛、無稱光佛、超日月光佛。

《無量壽經》又稱《大無量壽經》、《大阿彌陀經》、《阿彌陀三耶三佛薩樓佛檀過度人道經》。它的異譯本《阿彌陀經》（即《大阿彌陀經》）是吳（公元二二二——二八〇年）支謙譯，是《無量壽經》諸譯中成立最早的一部。現存五譯中，本經的名題各不相同。漢譯爲《無量清淨平等覺經》；吳譯爲《佛說諸佛阿彌陀三耶三佛薩樓佛檀過度人道經》又名《無量壽經》，又名《阿彌陀經》；魏譯爲《無量壽經》；唐譯爲《無量壽如來會》；宋譯爲《佛說大乘無量壽莊嚴經》。

《觀無量壽經》又稱《觀無量壽佛經》、《無量壽佛觀經》、《無量壽觀經》、《十六觀經》。略稱《觀經》，觀是觀想、稱念的意思，本經是示現西方極樂淨土，並說修三福、十六觀爲往生方法的經典。

《阿彌陀經》，梵名音譯速迦瓦低阿彌哩怛尾喻訶，又譯爲《一切諸佛所護念經》、《諸佛所護念經》、《小無量壽經》、《小經》、《四紙經》。

補充說明的是，我國淨土法門主要爲彌勒淨土、彌陀淨土兩種。彌勒淨土的信仰以東晉道安爲最早，著有《淨土論》六卷，期生兜率彌勒淨土；唐代玄奘與窺基，也以彌勒淨土爲行持及依歸，從此以後，由於修者少，弘揚者更少，漸形衰落，而彌陀信仰則大爲隆興，彌陀淨土遂成爲諸佛淨土的代表。

經
典

1 無量壽經

譯文

我親自聽佛這樣說：

那時，釋迦牟尼佛住在王舍城附近的耆闍崛山中，與諸多的大比丘僧共一千二百五十人在一起。這些大比丘僧都是衆所周知的佛的聲聞大弟子，他們中間，憍陳如尊者、大目犍連尊者、舍利弗尊者、迦葉尊者、阿難尊者等人都是上首弟子。另外，普賢菩薩、文殊師利菩薩、彌勒菩薩以及現在賢劫中的一切菩薩，也來匯聚一堂。

這些菩薩，誓願宏大，廣種善根，具足無量功德，善巧示化，渡濟衆生。他們遊化於諸佛國土，普遍示現一切色身，供養十方諸佛，化導一切有情衆生。並能了達衆生之相，融通諸法之眞實體性，就像那善變的幻士，變化爲同世間男女一樣的身相。這些菩薩，雖身化世相，卻處於無所執著、無所分別的菩薩乘境界，住於空寂、無願、無相的三昧中，並能總攝憶持無量佛法入於千百種體悟妙境，住於深妙正定的法門，皆能看到現在世的無量諸佛，能在一念之間，遊遍十方佛國，區分辨別衆生的言語，像對待自己的眷屬一般體恤、憐愍他們，以慈悲的心懷立誓成就諸佛的不可計量功德，超越於聲聞乘、緣覺乘，而達菩薩乘的境界。此外，聚會的衆人當中，還有比丘、比丘尼五百人，清淨優婆塞七千人，清淨優婆夷五百人，欲界天子八十萬人，色界天子七十萬人，遍淨天子六十萬人，梵天一億人，一時人如雲集，不可計量。

與此同時，釋迦牟尼佛神采奕奕，威光四射，恰似金光融融，又如明鏡光徹，表裏清明。這樣的威光神明千變萬化，大放異彩。阿難尊者見釋迦牟尼佛這般威光神明，心裏獨自思量著：我以前從未見過釋尊像今天這樣，諸根愉悅，清淨光明，智炬照人，讓這方佛土這般巍巍莊嚴。看到這般情景，眞令人生出希有難得之心。於是，阿難即從座上站起來，向前跨出一步，偏露右肩，合掌長跪，向釋尊說道：世尊您今天入於大寂定之禪境，修住於奇特深廣的佛法，處於諸佛修道的最殊勝境界，莫非是憶念著過去未來諸佛？莫非憶念著現在他方諸佛？懇請您爲大家宣說佛法，利益一切衆生。

那時，釋迦牟尼佛聽罷阿難的話，高興地說：「很好！很好！阿難，因爲你有悲憫衆生、利益他人的心願，所以能提問佛法精妙之義。你這一發問，勝過供養天下的阿羅漢、辟支佛，也勝過布施累劫之中的諸天人民以及蜎飛蠕動等一切有情。這一發問，眞是功德無量。爲什麼這樣說呢？因爲就是你這一問，當來諸天人民以及一切有情衆生，都有度脫迷障、共登彼岸的希望。阿難，你可知道，如來出世，難遇難見，就像那優曇花一樣，偶爾一現。你這一問，很多人會因此而得到利益，我將爲你等宣說佛法，以開示化導一切有情衆生。」

原典

如是我聞：

一時，佛住王舍城耆闍崛山中，與大比丘衆，千二百五十人俱。皆是諸大聲聞，衆所知識，名曰憍陳如尊者、大目犍連尊者、舍利弗尊者、迦葉尊者、阿難尊者，如是等大弟子而爲上首。又有普賢菩薩、文殊師利菩薩、彌勒菩薩，及賢劫❶中一切菩薩，皆來集會。

此諸菩薩皆具無量行願❷，植衆德本，具諸功德，行權方便，遊諸佛國，普現一切，供養諸佛，化導衆生。達衆生相，通諸法性，譬善幻師，幻諸男女等相。於彼相中，實無所得❸，入空、無願、無相三昧，而能具足總持無量百千三昧，住深定門，悉睹現在無量諸佛，於一念❹中，遍遊佛土，分別衆生語言，哀愍如己眷屬，誓成諸佛無量功德，超諸聲聞緣覺之地。又有比丘、比丘尼五百人，清淨優婆塞七千人，清淨優婆夷五百人，欲界天子八十萬，色界天子七十萬，遍淨天子六十萬，梵天一億，如是無量大衆，一時雲集。

爾時，世尊威光赫奕，如融金聚，又如淨明鏡，影暢表裏，現大光明，數千百變。尊者阿難，即自思惟：今日世尊，諸根悅豫，清淨光顏，巍巍寶刹莊嚴。我從昔以來，所未曾見，喜得瞻仰，生希有心。即從座起，偏袒右肩，長跪❺合掌，而白佛言：世尊今日入大寂定❻，住甚奇特廣大之法，住諸佛所在最勝之道，爲念過去未來諸佛耶？爲念現在他方諸佛耶？惟願宣說，利益一切。

爾時，世尊告阿難言：「善哉！善哉！阿難，汝爲哀愍、利益諸衆生故，能問如是微妙之義。汝今斯問，勝於供養一天下阿羅漢、辟支佛，布施累劫諸天人民、蜎飛、蠕動之類，功德百千萬倍。何以故？當來諸天人民、一切含靈，皆因汝問而得度脫故。阿難，如來出世，難值難見，猶優曇華，偶爾一現。汝今所問，多所饒益，我當為汝演說，開化一切。」

注釋

❶**賢劫**：指三劫的現在住劫。全稱現在賢劫，佛門認為現在的二十增減住劫中，有千佛賢聖住世化導，故稱為賢劫，又稱善劫、現劫。賢劫與「過去莊嚴劫」、「未來星宿劫」合稱三劫。

❷**行願**：指修行與誓願，又稱願行。根據《釋禪波羅蜜次第法門》卷一上所載，如果有願而無行，那麼就如一人要度到彼岸，而不肯預備船筏一般，此人一定會常在此岸，永不得度；菩薩雖發四弘誓願，如果不修四行，也是這樣。因此，修行與誓願如鳥之雙翼，如果不能兼備，就不能到達所期之境。

❸**無所得**：又稱無所有，略稱無得，與「有所得」對應。意思是指體悟無相之眞理，內心無所執著，無所分別。反之，如果執著諸法差別之相，墮入有無邊邪之見，就稱作有所得。諸法均由因緣所生，本無自性，以無自性，故無決定相可得，稱為無

所得。這就是不墮於生滅、常斷、一異、來去等四雙八計之中道正觀。《大智度論》卷十八載：「諸法實相中，受決定相不可得故，名無所得。」另外，因菩薩永斷一切生死，出離三界，住於一切智，是無所得大乘之至極，所以菩薩也稱無所得。北本《大般涅槃經》卷十七載：「有所得者名生死輪，一切凡夫輪迴生死，故有所見。菩薩永斷一切生死，是故菩薩名無所得。」

❹**一念**：指一次心念。念爲思念之意，一般有心念、觀念、稱念，故以一念配合一聲佛號，稱名一句，即謂一念。

❺**長跪**：爲佛門禮法之一，兩足屈膝著地，以示禮敬。

❻**寂定**：指禪定之境，意思是於諸法不起妄想妄念。

譯文

佛陀告訴阿難說：「從今上溯過去，在不可計量的劫數之前，有一個名叫世自在王如來出世，世自在王如來住世四十二劫。在他傳法期間，有一國王聽了佛之說法後，出家爲僧，號名法藏。法藏潛心佛法，發願成就無上眞正佛道，抛棄世間國土王位及富貴榮華，投身佛門出家，精進修行，佛智猛增，沒有人能比的。

「一次，他來到世自在王如來的住所，在佛的雙足前頂禮，合掌施敬，向佛說道：『世尊，我已發成就無上正覺之心，請您為我宣說諸佛國土的清淨莊嚴，好讓我獲得最高覺悟，成就無上正等正覺。』那時，世自在王如來聽罷這話，對法藏比丘說：『法藏，你應當自力攝持，成就佛土莊嚴。』法藏對世自在王佛說：『你的意境精妙深廣，不是我這種境界所能達到的，懇請您為我鋪陳宣說。』

「那時，世自在王佛聽法藏這一說，知道法藏心智高明，志願宏大，就當即滿足法藏的心願，為他廣說二百一十億諸佛國土，其天人善惡、國土粗獷妙淨穢之事，也一一應他心願示現給他。那時，法藏比丘聽過佛宣說的佛法之後，承世自在王佛之威神，得佛之天眼，一下子徹見那莊嚴清淨的佛土，繼而生發成就最高佛道的誓願。法藏比丘心念清淨，無所執著，精勤求索，修習攝取佛土之大願，歷經五劫，大願方成。

「於是，法藏比丘又來到世自在王佛的住處，對世自在王佛說：『我現修持菩薩道，假如我日後修行覺悟成佛，與八方上下無數諸佛相比，能否達到智慧光明功德，都超過他們的莊嚴清淨佛土？』佛說：『法藏，你看那煙波浩渺、蒼蒼茫茫的大海，即便一人用斗量，天長日久，也可以見底。倘若人心精誠求道，有什麼願望不能實現？」那時，法藏比丘聽後，頂禮佛足，繞佛三周，然後合掌安住於佛面前，說道：世尊，我已攝取了莊嚴佛土清淨之行，請求你聽我所說，鑒我誠心：

原典

佛告阿難：「乃往過去久遠，無量不可思議無央數劫，有佛出世，名世自在王如來，住世四十二劫。彼佛法中，有一比丘，名曰法藏，本是國王，聞佛說法，尋發無上眞正道意，棄國捐王，行作沙門，智慧勇猛，無能踰者。

「詣世自在王如來所，頂禮佛足，向佛合掌，而白佛言：『唯然世尊，我已發無上正覺之心，願佛爲我廣宣諸佛國淨土莊嚴，令我於世得無等覺，成大菩提。』時，世自在王佛，語法藏比丘：『莊嚴佛土，汝當自攝❶。』比丘白佛：『斯義宏深，非我境界。唯願世尊，爲我敷演。』

「爾時，世自在王佛，知其高明，志願深廣。即爲廣說二百一十億諸佛剎土，天人善惡、國土粗妙，應其心願，悉現與之。時，彼比丘聞佛所說，嚴淨國土，皆悉睹見，起發無上殊勝之願。其心寂靜，志無所著，修習功德，發大誓願，攝取❷莊嚴，具足五劫。

「往詣世自在王佛言：『我今爲菩薩道，欲令我後作佛時，於八方上下諸無央數佛中，智慧光明功德，都勝諸佛國者，甯可得否？』佛言：『譬如大海，一人斗量，經歷劫數，尚可窮底。人至心求道，何願不得？』時，法藏比丘，稽首禮足，遶佛三匝，合掌而住，白佛言：『世尊，我已攝取莊嚴佛土清淨之行，唯垂聽察：

注釋

❶**自攝**：與「他攝」對稱。指以戒法專攝身、口、意三業，使不放逸。另外，以自己發願修行之力，攝持而證得果位，也稱自攝。此義同於自力，即以自力爲體，自攝爲用。《安樂集》卷上說：「一切萬法皆有自力他力，自攝他攝。」

❷**攝取**：又稱攝取不捨。即指阿彌陀佛攝受護念念佛衆生而不捨。據《觀無量壽經》載，阿彌陀佛之光明遍照十方世界，攝受照護念佛之衆生而不捨，故稱攝取不捨，或稱攝取照護、攝護。其光明利益，稱爲攝取光益。《觀無量壽佛經疏・定善義》

舉出念佛衆生蒙攝取利益的三緣，稱爲攝取三緣。這三緣是：親緣、近緣、增上緣。親緣是指佛與衆生的意志、行爲（即三業）相應；近緣是指衆生願見佛，佛即應念顯現於其眼前；增上緣，指衆生由念佛而消除其罪障，臨終時，佛與聖衆迎往淨土。（參見《觀無量壽佛經疏》卷下）

譯文

第一願，願我成佛時，我的佛國中沒有地獄、餓鬼、畜生這三惡道之名。如果存在地獄、餓鬼、畜生，或者還有聽到三惡道的名稱，我將終不成佛。

第二願，願我成佛時，我佛國中的天人衆生，都是化生，沒有胎生，也沒有女人。如果他方世界有女人願往生我佛國，則使女人命終之時就化爲男身，往生到我佛土，來我佛國時，生於蓮花中，蓮花盛開，便可親眼見佛。如果不能這樣，我將終不成佛。

第三願，願我成佛時，假如佛國中的天人衆生，形貌顏色有所差別，甚至有好醜之分，身體如都不是眞金色，不是三十二種大丈夫相的話，我將終不成佛。

第四願，願我成佛時，我佛國中的天人衆生，都能知曉過去世的命運，成爲宿命通，繼而能洞悉無量劫前世的善惡苦樂情狀，如果不能這樣，我將終不成佛。

第五願，願我成佛時，我佛國中的天人衆生，都能得到天眼神通，能洞見百千億兆之多的他方佛國的情狀，如果不能如此，我將終不成佛。

第六願，願我成佛時，我佛國中的天人衆生，都能得到天耳神通，能聽到百千億兆尊佛所說佛法，繼而聞法受持，如果不能這樣，我將終不成佛。

第七願，願我成佛時，我佛國中的天人衆生，都能得到他心神通，能洞悉無數佛國衆生的心識中刹那相續的念頭，如果不能這樣，我將終不成佛。

第八願，願我成佛時，我佛國中的天人衆生，能得到神足通，能在一刹那間，踏跡萬千佛土、周巡萬千佛國，如果不能這樣，我將終不成佛。

第九願，願我成佛時，我佛國中的天人衆生，能得到漏盡神通，能定成無上正等正覺，證得大涅槃佛果，如果不能如此，我將終不成佛。

第十願，願我成佛時，我佛國中的天人衆生，都能得廣長舌相，宣說佛法眞實巧妙、辯說無礙，辯才沒人能超越，如果不能如此，我將終不成佛。

第十一願，願我成佛時，我的光明無限，遍照他方諸佛國土，佛光超絕，無與倫比。光明朗照時，令彼十方世界衆生，頓覺身心柔軟，垢滅善生，命終之際，都能來生我的佛國。如果不能這樣，我將終不成佛。

第十二願，願我成佛時，壽命無量，非百千億兆劫數所能勝數，若非如此，我將終不成佛。

第十三願，願我成佛時，我的聲聞弟子不可計數，乃至三千大千世界衆生都成緣覺，即使以百千劫之時間共同計算，都不能知曉我佛國中萬億聲聞、緣覺弟子的數量。如果不能這樣，我將終不成佛。

第十四願，願我成佛時，我佛國中天人衆生，都像佛一樣壽命無量，超越生死，那本來發起的示現壽命長短自由自在隨心所欲的宿願除外，假如不能如此，我將終不成佛。

原典

第一願，設我得佛，國中無三惡道之名。設有地獄、餓鬼、畜生，乃至聞其名者

，不取正覺。

第二願，設我得佛，國中天人，純是化生，無有胎生，亦無女人。其他國女人，有願生我國者，命終即化男身，來我剎土，生蓮華中，華開見佛。若不爾者，不取正覺。

第三願，設我得佛，若國中天人，形色❶不同，尚有好醜，不悉金色身、三十二相❷者，不取正覺。

第四願，設我得佛，國中天人，若不皆識宿命❸，下至知百千億那由他❹諸劫事者，不取正覺。

第五願，設我得佛，國中天人，不得天眼，下至見百千億那由他諸佛國者，不取正覺。

第六願，設我得佛，國中天人，不得天耳，下至聞百千億那由他諸佛所說，不悉受持者，不取正覺。

第七願，設我得佛，國中天人，不得見他心智，下至知百千億那由他諸佛國中，衆生心念❺者，不取正覺。

第八願，設我得佛，國中天人，不得神足，於一念頃，下至不能超過百千億那由他諸佛國者，不取正覺。

第九願，設我得佛，國中天人，若不得漏盡住滅盡定，及決定證大涅槃者，不取正覺。

第十願，設我得佛，國中天人，若不悉得廣長舌❻，說法善巧、辯才無礙者，不取正覺。

第十一願，設我得佛，光明若有限量，不遍照百千億那由他諸佛國，普勝諸佛光明，令彼十方衆生觸此光明，身意柔軟、罪垢滅除，命終皆得生我國者，不取正覺。

第十二願，設我得佛，壽命若有限量，下至百千億那由他劫者，不取正覺。

第十三願，設我得佛，國中聲聞❼，若有數量，乃至三千大千世界衆生，悉成緣覺，於百千劫，悉其計校，能知其數者，不取正覺。

第十四願，設我得佛，國中天人，壽命亦皆如佛，無有限量、永無生死，除其本願❽示現修短自在，若不爾者，不取正覺。

注釋

❶**形色**：此處是形體與色相的意思，即指生於國中者的顏色形貌。

❷**三十二相**：指轉輪聖王及佛之應化身所具足的三十二種殊勝形貌與微妙形相。這三十二相一般指㈠足下安平立相，㈡千輻輪相，㈢手指纖長相，㈣手足柔軟相，㈤手足縵相，㈥足跟滿足相，㈦足趺高好相，㈧腨如鹿王相，㈨手過膝相，㈩馬陰藏相，(十一)身縱廣相，(十二)毛孔生青色相，(十三)身毛上靡相，(十四)身金色相，(十五)常光一丈相，(十六)皮膚細滑相，(十七)七處平滿相，(十八)兩腋滿相，(十九)身如獅子相，(二十)身端直相，(二十一)肩圓滿相，(二十二)四十齒相，(二十三)齒白齊密相，(二十四)四牙白淨相，(二十五)頰車如獅子相，(二十六)咽中津液得上味相，(二十七)廣長舌相，(二十八)梵音深遠相，(二十九)眼色如紺青相，(三十)眼睫如牛王相，(三十一)眉間白毫相，(三十二)頂成肉髻相。

❸**宿命**：指過去世的命運，又稱宿住。即總稱過去一生、無量生中的受報差別、善惡苦樂等情狀。如果能知曉、洞悉這些情狀，稱爲宿命通。

❹**那由他**：是印度數量的名稱，又作那由多、那庾多、尼由多、那朮、那述。意譯作

兆、溝。據《俱舍論》卷十二所載，十阿由多爲一大阿由多，十大阿由多爲一那由他，所以一那由他是一阿由多的一百倍。一阿由多爲十億，所以一那由他爲一千億，通常就以一千億爲佛教所說的那由他的數量。另外，就印度一般數法而言，阿由多爲一萬，那由他則是一百萬。

❺**心念**：即心識之思念，通常指心識中刹那相續的念頭。

❻**廣長舌**：即廣長舌相，爲佛三十二大人相之一，又稱長舌相，舌相。諸佛之舌廣而長，柔軟紅薄，能覆面至髮際，如赤銅色。廣長舌相具有兩種特徵：一是語必眞實，二是辯說無礙；沒有人能超越。

❼**國中聲聞**：指阿彌陀佛國中的聲聞弟子。此中的聲聞弟子全都發菩提心，欲往生淨土，所行必是菩薩乘，而非原本意義上與大乘相左的聲聞乘，所以國中聲聞應全是菩薩弟子，以下「緣覺」也是。總之，阿彌陀佛國中的聲聞、緣覺，只是就斷惑的情況而言。雖斷見思，未破塵沙與無明惑，就稱聲聞，這樣的聲聞不是自度自利的小乘，聲聞、緣覺最終還趨無上佛果。

❽**本願**：是指「因位」的誓願。全稱本弘誓願，又稱本誓、宿願，即佛及菩薩在過去

世沒有成就佛果之前爲救度衆生所發起的誓願。在因位發願到今世證得佛果，所以相對於「果位」而言所起的誓願就是本願。另外，「本」又有根本的意思，雖然說菩薩之心廣大，誓願也無量，但以此願爲根本時，就稱「本願」。佛菩薩所發的本願有好多種，例如，一切菩薩都發菩提心，以堅毅的弘誓救度衆生，斷除煩惱，累積德行，期望能成就佛果，這就稱爲總願，如四弘誓願、二十大誓莊嚴等。如果分別在淨佛國土發大願，各於十方淨其國土，成就諸衆生，或願於穢土成佛，救度難化之衆生，這些依照諸菩薩各自的意願所發的誓願，稱爲別願，如彌勒奉行十善願等都稱爲別願。

此外，作爲本願所救濟的目標、對象者，稱爲本願實機或本願正機，即指末代濁世的衆生。本願所誓行的念佛，稱爲本願行。

譯文

第十五願，願我成佛時，我佛國中天人衆生，全都金身燦燦，光明無量，遍照他方諸佛國土。若不能如此，我將終不成佛。

第十六願，願我成佛時，我的聲名廣爲流布在十方佛土，無數諸佛，都能稱揚讚歎我的名號。如果不能這樣，我將終不成佛。

第十七願，願我成佛時，十方世界的衆生，能聽到我的名號，生發菩提心願，至誠至信，愛悅佛法，願往生我佛國土者，乃至在臨終之時，念佛十聲，以求往生。願所有的十方衆生，那些五逆不道、誹謗正法衆生除外，都能在臨終之時，看到佛與佛國衆生來到其人面前，被接引往生佛國淨土。如果不能這樣，我將終不成佛。

第十八願，願我成佛時，他方佛國裏的菩薩衆生，往生我佛國土後，究竟必能在一生裏就達到候補佛的位子。那些本來誓願爲度脫一切衆生而遊化四方，隨意示現各種身相的修菩薩行的人除外。即便如此，這些化導衆生的菩薩行者，雖生在他方國土，卻永遠不受地獄、餓鬼、畜生三惡道之苦，其善根也將永不退失。如果不能這樣，我將終不成佛。

第十九願，願我成佛時，我佛國中的天人衆生，即使處在聲聞、緣覺的修行果位上，也能借助佛的神力，供養他國諸佛，並能在短促的時間內，遍跡無數無量諸佛國土。如果不能這樣，我將終不成佛。

第二十願，願我成佛時，我佛國中的天人衆生，吃飯穿衣，任心念需求，應有盡有，自然而然化示顯現在面前。乃至於諸佛的住所，各種香花、幢蓋、瓔珞、音樂，也周遍充足，應有盡有，以供養諸佛。種種豐富的供養，去來無跡可尋，想求他方諸佛來接受供養時，憑藉佛的神力，能以心念召喚他方諸佛即舒臂而來，接受我佛國土衆生的供養。如果不能這樣，我將終不成佛。

第二十一願，願我成佛時，國中佛土清淨光明，洞然照察十方一切諸佛世界，如果不能這樣，我將終不成佛。

第二十二願，願我成佛時，我佛國土中生長無數菩提樹，菩提樹巍然高大，有的樹高成千上百公里，有的超過四百萬公里，諸菩薩想要看到諸佛國土的清淨莊嚴，都可以在菩提樹間看見，就像那明鏡清晰，能觀照身影和臉面。如果不能如此，我將終不成佛。

第二十三願，願我成佛時，從廣袤大地上，到寥廓虛空中，一切宮殿、亭台樓閣、城池河流、香花寶樹等一切萬物，都用無數衆寶、成百上千種香和合而成，裝飾布置得精妙絕奇，超絕於天界人界。願我國土中的絕色奇香、遍薰十方一切佛土，供養十方諸佛，十方諸菩薩聞到後，全都修行無上佛道。如果不能這樣，我將終不成佛。

第二十四願，願我成佛時，所有他方佛土的聲聞緣覺衆生，能聽到我的名號後，生發宏大心願，修行堅固善根，愈增愈進，永不退失，最終成就無上正等正覺，證得佛果。如果不能這樣，我將終不成佛。』」

佛告訴阿難：「當時法藏比丘說完以上這些誓願，又用偈頌進一步表達行願。偈頌這樣說：「

我建超世願，必至無上道；
斯願不滿足，誓不成等覺。
我於無量劫，不為大施主；
普濟諸貧苦，誓不成等覺。
我至成佛道，名聲超十方；
究竟有不聞，誓不成等覺。
離欲深正念，淨慧修梵行；
志求無上尊，為諸天人師。

供養一切佛，具足衆德本；
願慧悉成滿，得為三界雄。
如佛無礙智，通達靡不照；
願我功德力，等此最勝尊。
斯願若尅果，大千應感動；
虛空諸天神，當雨真妙華。」

原典

第十五願，設我得佛，國中天人，若不皆身具無邊光明，照曜諸佛國土者，不取正覺。

第十六願，設我得佛，名聲普聞，十方世界，無量諸佛，若不悉咨嗟稱歎我名者，不取正覺。

第十七願，設我得佛，十方衆生，聞我名號，發菩提心，至心信樂❶，欲生我國，乃至臨終十念求生，若不見佛與大衆圍繞現其人前者，不取正覺，惟除五逆❷、誹謗正法。

第十八願，設我得佛，他方佛土諸菩薩衆，來生我國，究竟必至一生補處。除其本願，自在所化，爲度脫一切衆生故，遍遊佛國，修菩薩行者，雖生他國，終不受三途❸苦，永不退失善根。若不爾者，不取正覺。

第十九願，設我得佛，國中天人，雖住聲聞、緣覺之位，而能承佛神力，供養諸佛，一食之頃，若不能遍至無數無量諸佛國者，不取正覺。

第二十願，設我得佛，國中天人，衣服飲食，應念所需，自然化現在前。乃至於諸佛所，種種供養，香華、幢蓋、瓔珞、音樂，應念圓滿❹，無所從來，無所從去。乃至欲求諸佛就供，以佛神力，應念即得他方諸佛，舒臂來此，受其供養，若不爾者，不取正覺。

第二十一願，設我得佛，國土清淨，皆悉照見❺十方一切諸佛世界，若不爾者，不取正覺。

第二十二願，設我得佛，國中有無量道場樹❻，高或百千由旬❼，或四百萬由旬，諸菩薩欲見諸佛淨國莊嚴，悉於寶樹間見，猶如明鏡，睹其面像，若不爾者，不取正覺。

第二十三願，設我得佛，自地以上，至於虛空，宮殿、樓觀、池流、華樹、國土所有一切萬物，皆以無量雜寶、百千種香而共合成，嚴飾奇妙，超諸天人。其香普薰十方世界，供養諸佛，菩薩聞者，皆修佛行，若不如是，不取正覺。

第二十四願，所有他方佛刹，聲聞緣覺聞我名號，不發大心，不得堅固不退轉，究竟成就阿耨多羅三藐三菩提者，不取正覺。』」

佛告阿難：「爾時，法藏比丘說此願已，以偈頌曰：

我建超世願，必至無上道；
斯願不滿足，誓不成等覺。
我於無量劫，不為大施主；
普濟諸貧苦，誓不成等覺。
我至成佛道，名聲超十方；
究竟有不聞，誓不成等覺。
離欲深正念，淨慧修梵行；

志求無上尊，為諸天人師。
供養一切佛，具足衆德本；
願慧悉成滿，得為三界雄。
如佛無礙智，通達靡不照；
願我功德力，等此最勝尊。
斯願若尅果，大千應感動；
虛空諸天神，當雨真妙華。」

注釋

❶**至心信樂**：至心是指至誠之心、至極之心；信樂是指信順所聞之法而愛樂之。至心信樂即信心歡喜、誠心愛悅的意思。

❷**五逆**：也稱作五逆罪。是五重罪的意思，指罪大惡極、極逆於佛理的人。五逆有大乘五逆、小乘五逆之分。小乘五逆（單五逆）是指：害母、害父、害阿羅漢、惡心出佛身血、破僧等五項。大乘五逆（復五逆）是指：㈠破壞塔寺、燒毀經像、奪取

三寶之物，或教唆他人做以上壞事，心生歡喜；㈡誹謗聲聞、緣覺以及大乘法；㈢妨礙出家人修行，或者殺害出家人；㈣犯小乘五逆罪之一；㈤主張所有皆無業報，而行十不善業，或者不畏懼後世果報，而教唆他人行十惡等。

❸**三途**：又作三塗。通常指地獄、餓鬼、畜生三惡道，是因身、口、意諸惡業所引生之處。在地獄道，受苦的衆生常爲鑊湯爐炭之熱所苦；在餓鬼道，衆生常受刀杖驅逼等苦；在畜生道，受苦衆生強者伏弱、互相呑啖，飲血食肉。

❹**圓滿**：是周遍充足，無所缺減的意思。

❺**照見**：即照鑒，指佛、菩薩洞然照見衆生的所有行爲。佛門還常以「照鑒無私」一語表示佛菩薩對有情衆生公正無私的態度。

❻**道場樹**：即指菩提樹，又作覺樹、道樹、思惟樹。釋迦牟尼於菩提樹下金剛座成佛，故稱道場樹。道場樹也是阿彌陀佛三十七名號之一，曇鸞的《讚阿彌陀佛偈》中說：「稽首頂禮道場樹。」此處的道場樹即爲阿彌陀佛名號。

❼**由旬**：梵語意譯爲合、和合、應、限量、一程、驛等，又作逾闍那、逾繕那、逾膳那、俞旬、由延。是印度計算里程的單位。另外據《大唐西域記》卷二記載，一由

旬指帝王一日行軍的路程。有關由旬的計數有各種不同的說法。就由旬換算拘盧舍而言，印度的國俗是採取八拘盧舍為一由旬，在佛典中，也有以八拘盧舍為一由旬的說法。就配合我國的里數而言，也有不同的說法，據《大唐西域記》卷二記載，舊傳的一由旬可換算為四十里，印度的國俗為三十里，佛教為十六里；《慧苑音義》卷下記載為十六或十七里。另外據義淨的《根本說一切有部百一羯磨》卷三的夾注記載，印度的國俗為三十二里，佛教為十二里。

譯文

佛告訴阿難：「當法藏比丘把偈頌說完，整個大地頓時出現六種震動，天空飄著奇妙的花兒，散落在廣闊的大地上，美妙的天籟樂音也悠然而至，空中宣弘種種讚言，肇示法藏比丘必能成就無上正等正覺，證得佛果。

「阿難，那法藏比丘在世自在王如來前以及諸天、魔、梵、龍神八部等大眾之中，闡發完上述弘大誓願之後，勇猛精進，專心致志，以成就清淨莊嚴、不可思議的佛土。他所修的佛土空曠無涯，遼闊無際，能廣容無量往生的衆生。法藏比丘於無量劫中，修布施、持戒、忍辱、精進、禪定、般若等六度之行，同時教化他人修行六度。以崇高的福德、智慧莊嚴具足那一切德行，從而達到絕名相、離煩惱、不生不滅、智慧圓滿、住於常寂的正定境界，觀諸法如幻如化。法藏比丘由於積功累德，所以感生勝果，或爲長者、居士、或作豪姓尊貴，或爲國王、轉輪聖帝，或作六欲天主甚至大梵天王，上宏下化，能滿所願，並常常以衣服、飲食、臥具、醫藥等供養尊重諸佛。由於法藏比丘成就如此無量功德、廣植無量善根，所以隨他所生之處，有無盡的妙法寶藏自然湧現，全身毛孔也散發無量的妙香，薰遍大千世界。無量衆生聞香之後，全都生發成就無上菩提的心願，示現無量無邊的法門，做任何事件均自由無礙。總之，法藏比丘所說的各個誓願全都如願實現。現在，在離現世人間世界十萬億遠的西方，有一佛國土名叫極樂世界，其佛的名字叫無量壽佛。無量壽佛成佛以來，至今已歷經十劫時間，身邊有不可計數菩薩、聲聞跟從聽聞佛法。

「阿難，那無量壽佛所放的智慧光明，照遍東方世界像恆河之沙般不可計數的佛土，南方、西方、北方及四維上下，也是如此。這智慧光明如果化爲無量壽佛頭頂上的光輪，或者一、二、三、四由旬長，或者百千由旬長，或者億萬由旬長，或遍照一、二佛土，或成千上百個佛土，甚至不可計數的泱泱無邊的佛國土地。正因如此，無量壽佛也稱爲無量光佛。他的無限光明，普遍照耀十方一切世界，十方世界的一切衆生，如果承受到佛光照耀，就能罪垢消滅而善根增長，身心柔軟清淨。如果處在三惡道的極苦的境況中，有緣受佛光澤被，都能脫離苦途，臨終之時獲得解脫。對於衆生來說，如果能在聽說無量壽佛的無量光明功德之後，日夜稱說無量壽佛，專心致志，誠心不斷，念念不忘，隨自己所願，最終就能往生無量壽佛的極樂世界。

原典

佛告阿難：「法藏比丘說此頌已，應時普地六種震動❶，天雨妙華，以散其上，自然音樂，空中讚言，決定必成無上正覺。

「阿難，法藏比丘於其佛所，諸天❷、魔、梵❸、龍神八部❹大衆之中，發斯宏誓願已，一向專志，莊嚴妙土。所修佛國開廓廣大，超勝獨妙。於阿僧祇劫，修行布施、持戒、忍辱、精進、禪定、般若六波羅蜜，亦教人行六波羅蜜。以大莊嚴，具足衆行，三昧常寂，智慧無礙，住空、無相、無願之法，無作無起，衆法如化。或爲長者、居士、豪姓尊貴、或爲刹利國王、轉輪聖帝、或爲六欲天主乃至梵王，常以四事供養❺恭敬諸佛。由成就如是諸善根故，隨所生處，有無量寶藏自然湧出，身諸毛孔出無量香，普薰世界。無量衆生聞之，皆發阿耨多羅三藐三菩提心，於一切法而得自在，所說諸願皆悉得之。現在西方，去閻浮提❻十萬億佛刹，有世界名曰極樂，佛名無量壽佛。成佛以來，於今十劫，有無量無數菩薩、聲聞圍繞說法。

「阿難，彼佛所放光明，照遍東方恆沙❼佛刹，南、西、北方，四維上下，亦復如是。若化項上圓光❽，或一二三四由旬，或百千由旬，或億萬由旬，或照一二佛刹，百千佛刹，乃至遍照無量無邊無數佛刹。是故無量壽佛，亦名無量光佛，如是光明，普照十方一切世界。其有衆生，遇斯光者，垢滅善生，身意柔軟。若在三途極苦之處，有緣見此光明，皆得休息，命終皆得解脫。若有衆生，聞其光明功德，日夜稱說，至心不斷，隨意所願，得生其國。

注釋

❶**六種震動**：指大地震動的六種相，又作六變震動，六反震動。略稱六震、六動。關

於「六種震動」一般有三種解釋，第一，認爲六時之動爲六動：㈠佛入胎時，㈡出胎時，㈢成道時，㈣轉法輪時，㈤由天魔勸請將捨性命時，㈥入涅槃時。第二，認爲能動六方是六動。《大品般若經》卷一說：「爾時世尊故在師子座，入師子遊戲三昧。以神通力感動三千大千國土，六種震動。東湧西没，西湧東没，南湧北没，北湧南没，邊湧中没，中湧邊没，地皆柔軟，令衆生和悦。」這裏舉出東湧西没等震動的六相。第三，認爲動有六相，以六相之動，名爲六動。晉《華嚴經》舉出動、起、湧、震、吼、覺爲六動。動是搖蕩，起是升高，湧是凹凸，震是有聲，吼是巨響，覺是覺他。

關於六種震動的因緣，《大智度論》卷八載：「佛何以故震動三千大千世界。答曰：欲令衆生知一切皆空無常故。復次，如人欲染衣，先去塵土。佛亦如是，先令三千世界衆生見佛神力，敬心柔軟，然後說法。是故六種動地。」此外，《長阿含經》卷二〈遊行經〉載有地動的八種因緣：㈠地在水上，水止於風，風止於空，空中大風自起則大水擾，大水擾則普地震動。㈡得道之比丘、比丘尼及大神尊天，觀水性多，觀地性少，欲知試力則普地震動。㈢若菩薩由兜率天降神母胎，專念不亂，普地大動。(四)菩薩始出母胎，從右脇生，專念不亂，則普地震動。(五)菩薩初成無上正覺，地大震動。(六)佛初成道轉無上法輪，則普地震動。(七)佛之說教將畢，欲捨生命，則普地震動。(八)如來於無餘涅槃界涅槃時，地大震動。

❷**諸天**：根據諸經而言，欲界有六天（六欲天），色界有十八天，無色界的四處有四天，其他尚有日天、月天、韋馱天等諸天神，總稱爲諸天。據《普曜經》卷六載，釋尊在菩提樹下成道，諸天皆前來慶賀。

❸**魔梵**：是並指欲界第六天的他化自在天魔與色界的梵天王。《俱舍論記》卷三說：「魔，謂他化自在天魔；梵，謂梵王。」

❹**龍神八部**：又作天龍八部、八部衆。是指守護佛法的諸神。八者就是，天、龍、夜叉、乾闥婆、阿修羅、迦樓羅、緊那羅、摩睺羅迦。這些異類全都歸化於佛的威德，成爲佛的眷屬，住在諸佛的受用之地，護持佛及佛法。另外，天龍八部又指四天王率領的八部族，即乾闥婆、毘舍闍、鳩槃荼、薜荔多、龍、富單那、夜叉、羅剎。

❺**四事供養**：指供給資養佛、僧等日常生活所需要的四種物品。四事，就是指衣服、

飲食、臥具、醫藥，或者指衣服、飲食、湯藥、房舍等。

❻**閻浮提**：又作閻浮利、贍部提、閻浮提鞞波。閻浮，梵語是樹之名；提，梵語是洲的意思。梵漢兼譯叫做剡浮洲、閻浮洲、贍部洲、譫浮洲。略稱爲閻浮。舊譯爲穢洲、穢樹城，意思是盛產閻浮樹的國土。另外，又因爲閻浮洲出產閻浮檀金，所以有人把閻浮提譯爲勝金洲、好金土。閻浮洲是須彌山四大洲的南洲，故又稱南閻浮提、南閻浮洲、南贍部洲。原來是指印度之地，後來泛指人間世界。

閻浮洲的地形南狹北廣，縱橫七千由旬，人的面像也與這樣的地形相似。另外，閻浮洲上，阿耨達池之東有恆伽（殑伽）河，從牛之口出，從五百河入於東海。西有婆叉（縛芻）河，從馬的口出，從五百河入於西海。南有新頭（信度）河，從獅子的口出，從五百河入於南海。北有斯陀（徒多）河，從象的口出，從五百河入於北海。《俱舍論》卷十一記載，四大洲中，只有該洲中有金剛座，一切菩薩將登正覺，皆坐此座。

❼**恆沙**：即恆河之沙，又作恆邊沙、恆水邊流沙、江河沙、殑伽沙、恆河沙數等。恆河沙粒很細，其數量無法計算，所以經中凡是形容無法計算的數字，多以「恆沙」

這樣的詞作比喻。例如《阿彌陀經》中說：「如是等恆河沙數諸佛。」

❽**圓光**：指從佛菩薩頂上放出的圓輪光明。

譯文

「又阿難，那無量壽佛，有無量無數個聲聞弟子，他們的數量不可計算。阿難，你可知道，那神通第一的大目犍連，能於一晝夜中，全部知曉三千大千世界的一切星宿、衆生的數目。即便如此，假如那百千萬億個聲聞弟子都有大目犍連般的神通，並且每個聲聞的壽命均長達百千億歲，這樣，窮盡其神通和壽命，去計數那無量壽佛國聲聞衆生的數目，也只能在一百分之中，數不盡一分。

「再次，阿難，再打個比方給你聽，你想那大海，深度有八萬四千由旬，浩渺無邊，茫茫無際，假如有一個人拔出身上一根毫毛，再劃分爲一百分，細小得像微塵。然後，以這樣的一分微毛，去沾一滴海水，這一點微毛水與浩渺的大海比起來，誰少誰多？阿難，這下你應該明白了吧！在無量壽佛國，對於大目犍連等聲聞弟子而言，他們的形壽之數，我們所了解的，只如纖毫沾水一般，我們所不知的，卻如那大海一樣。同樣，無量壽佛及諸菩薩的壽量，以及成佛或成菩薩以來所經的劫數，也同樣超出任何能知的範圍。

佛又向阿難描繪道：「在那無量壽佛國，有七種寶樹遍地生長，布滿佛土。金樹、銀樹、琉璃樹、玻璃樹、眞珠樹、硨磲樹、瑪瑙樹，七種寶樹枝繁葉茂。或有金銀琉璃等七寶，互相搭配，交錯和合而成，以至於一樹之中，根莖枝幹爲一種寶物組成，花葉果實又是其他寶物合成。甚至有這樣的寶樹在佛國生長，它黃金爲根，白銀爲身，枝是琉璃，梢是玻璃，眞珠爲葉，硨磲爲花，果是瑪瑙。其他各種寶樹，七寶交互搭配合成，寶樹也千姿百態，看上去陣陣行行，相立相望，枝枝葉葉，相偎相依，好一派佛國風光。

「再說那無量壽佛國的菩提樹，它樹高四百萬里，樹身周圍五千由旬長，枝葉向四方延伸二十萬里，各種寶物自然和合成珍奇絕妙的寶網，包羅覆蓋在菩提樹上。清風徐徐吹來時，菩提樹上演布出無數種微妙的法音，法音悠揚，在整個佛土上繚繞。如果衆生能看到菩提樹，聽到菩提妙音，聞到菩提果香，嘗到菩提果味，沐浴於菩提樹的光與影後，讚念菩提樹的功德，這樣，衆生就能獲得五根清淨，住於永不退失的修行階位，直至最終成就無上佛道。」

佛繼續對阿難說道：「那無量壽佛的極樂國土中，一派清淨莊嚴，地勢平坦寬闊，沒有丘陵、谷洞、荆棘、沙石，沒有土山石山，也沒有什麼黑山、雪山、寶山、金山、須彌山、鐵圍山、大鐵圍山，唯有黃金遍地。」

阿難聽到這裏，向佛問道：「如果沒有須彌山，那麼四天王天、忉利天住於哪兒呢？」佛對阿難說：「那四禪天，色究竟天依什麼而住呢？你要知道，衆生的業因與果報非一般的思惟語言之所能及，十方諸佛的無量功德與善力，也是超情離見，不可思議的。你要知道，那無量壽佛的極樂淨土，本無人與天的分別，只是爲了隨順他方世界的情況，才方便示現了天人三界。

原典

「復次阿難，無量壽如來，有無量無數聲聞之衆，譬喻算數所不能及。阿難，彼大目乾連，神通第一，三千大千世界所有一切星宿、衆生，於一晝夜悉知其數。假使百千萬億聲聞，神通之力，皆如大目乾連，一一聲聞壽百千萬億歲，盡其壽命，數彼聲聞百分之中，不及一分。

「復次阿難，譬如大海，深八萬四千由旬，廣闊無邊。假使有人，出身一毛，碎爲百分，細如微塵。以一毛塵沾海一滴，此毛塵水，較海孰多？阿難，彼目乾連等聲聞之衆，盡其形壽，所知數者，如毛塵水，所未知者如大海水，彼佛及諸菩薩壽量、劫數，亦復如是。

「又其國土，七寶諸樹，周滿世界。金樹、銀樹、琉璃樹、玻璃樹、眞珠樹、硨磲樹、瑪瑙樹，或有二寶、三寶、四寶、五寶、六寶、七寶轉共合成，根莖枝幹，此寶所成，華葉果實，他寶化作。或有寶樹，黃金爲根，白銀爲身，琉璃爲枝，玻璃爲梢，眞珠爲葉，硨磲爲華，瑪瑙爲果。其餘諸樹，諸寶展轉相互，亦復如是。行行相望，枝枝相對，葉葉相當。

「又無量壽佛國，其道場樹高四百萬里，其本周圍五千由旬，枝葉四布二十萬里，一切衆寶，自然合成珍妙寶網，羅覆其上，微風吹動，演出無量妙法音聲，流遍國中。若有衆生，睹菩提樹，聞聲鼻香，嘗其果味，觸其光影，念樹功德，皆得五根清淨，住不退轉至成佛道。

「復次阿難，彼佛國土，清淨嚴飾，寬廣平正。無有丘陵、坑坎、荊棘、沙礫、土石等山，黑山、雪山、寶山、金山、須彌山❶、鐵圍山、大鐵圍山，惟以黃金爲地。」

阿難聞是語已，白世尊言：「若無須彌山，其四天王天❷、忉利天❸依何而住？」佛語阿難：「四禪天❹、色究竟天❺，依何而住？當知衆生業因果報，不可思議，諸佛神力，亦不可思議。彼佛國淨土，本無人天之別，惟順餘方，示有三界。

注釋

❶**須彌山**：意譯爲妙高山、好光山、好高山、善高山、善積山、妙光山、安明由山。原爲印度神話中的山名，佛教宇宙觀沿用了它，把它規定爲聳立於一小世界中央的高山。以此山爲中心，周圍有八山、八海環繞，而形成一個須彌世界。須彌山由四寶組成，處於大海中，高出水面三百三十六萬里，水面之下也深達三百三十六萬里。山中香木繁茂，山四面四埵突出，有四大天王的宮殿，山基有純金沙，此山有上、中、下三級「七寶階道」，夾道兩旁有七重寶牆、七重欄楯、七重羅網，七重行

樹。花果繁盛，香風四起，無數奇鳥，相和而鳴，諸鬼神住於其中。須彌山頂有三十三天宮，中央爲帝釋天所居，其餘三十二天，分住在四側。四天王天，居住在山的半腹。南贍部洲等四大洲，在海的四方。

❷**四天王天**：是欲界六天中第一天，天處的最初。又稱四大王衆天、四天王天、四大天王衆天。佛教的世界觀中，在須彌山的第四層，有一山名叫由犍陀羅，山有四頭，四天王及其部衆各住其一，各鎭護一天下，所以稱護世四天王、四鎭，其居住的地方稱爲「四王天」。四王天就是東面的持國天、南面的增長天、西面的廣目天、北面的多聞天。四王天與忉利天合稱爲四王忉利。在四王天中，四天王與天衆的壽量爲五百歲，那裏的一晝夜相當於人間五十年。在欲界六天中，四王天的境域最爲寬廣。

❸**忉利天**：又作三十三天。在佛教宇宙觀中，此天位於欲界六天的第二天，是帝釋天所居住的天界，位於須彌山頂。山頂四方各有八個天城，加上中央帝釋天所止住的善見城（喜見城）共有三十三處，所以稱三十三天。在忉利天中，天衆身高一由旬，衣重六銖，壽命一千歲（以世間一百年爲一日一夜），初生時，就如人類六歲的

模樣，色圓滿，自有衣服。此天又具足種種妙寶，有美妙的樓閣、臺觀、園林、浴池、階道等。忉利天爲帝釋天的住處，這一信仰自古就盛行於印度。經說佛陀的母親摩耶夫人命終後生於此天，佛陀曾上昇忉利天爲母說法三個月。

❹**四禪天**：又稱四靜慮天、四靜慮處、四生靜慮、生靜慮。指修習四禪定所得果報的色界天，或指居於此界之衆生。四禪天就是色界的初禪天、第二禪天、第三禪天、第四禪天。初禪天，此處已不食人間煙火，所以沒有鼻、舌二識，但還有眼、耳、身、意四識生起的喜、樂二受和尋、伺思惟能力。第二禪天，進一步沒有眼、耳、身三識，也沒有尋、伺思惟，只有意識及喜受、捨受（非苦、非樂的感受）相應。第三禪天，只有意識活動，與樂受、捨受相應。第四禪天，只有與捨受相應的意識活動。前三禪天各有三天，第四禪天則有八天，合爲色界十七天。

❺**色究竟天**：色究竟梵名音譯是阿迦尼吒、阿迦尼師吒等。又作礙究竟天、質閡究竟天、一究竟天、一善天、無結愛天、無小天。色究竟天是色界四禪天的最頂位，爲色界十八天之一，也爲五淨居天之一。此天是修得最上品四禪者所生之處，其果報在有色界中爲最高。

譯文

佛又對阿難描繪道：「那無量佛的極樂淨土上，沒有大海，卻處處布滿泉池，泉水潺潺，源遠流長，水深從十由旬、二十由旬、三十由旬甚至成千上百由旬不等。池水澄清純潔，具有八種功德。無數棵鬱鬱葱葱的栴檀香樹以及各種吉祥果樹夾生在泉水兩岸，在那裏，花果飄香，沿水流芳，光明燦爛。如果那裏的衆生要淌水過泉，或沐浴泉水，這裏的泉水能隨著衆生的不同心願而變化著水位、水溫和流速，或者齊足，或者至腰，乃至要深達頭頂；或者水暖，或者水冷，或者急流或者慢淌，衆生享受智慧之水的無限樂趣。在寶物砌成的泉池中，全是一片蓮花亭亭生長，如果他方世界的衆生往生到這極樂世界，就是在蓮花中結跏趺坐，自然化生。

「另外，蓮花池中，微波蕩漾，會演布出種種妙法音聲，如佛法僧聲、止息聲、無性聲、波羅蜜聲、十力四無所畏聲、神通聲、無作聲、無生無滅聲、寂靜聲、大慈大悲聲、喜捨聲、灌頂授記聲等等，衆生聽到這種種聲音，便心無妄念，清淨光明，頓然契合種種音聲中的妙法，沒有什麼執著分別，繼而善根成熟，智慧圓滿，成就無上正等正覺之心也就永不退失。即便有不願聽這些音聲的人，也隨其心願，能夠像住入寂定一般，什麼也聽不到。

「又阿難，無量壽佛的極樂世界裏的諸菩薩，假如在早晨起來要供養諸佛，想起香花等供養之物時，種種花香、瓔珞、幢幡、網蓋以及各種伎樂，會應念而來。不僅如此，那些香花還會在廣闊的天空結成大蓋，直徑有的十由旬，有的成百上千由旬，繼而廣覆三千大千世界。供養諸佛以後，這些菩薩還於早晨回到極樂國土。如果心念需要飲食、湯藥、衣服、臥具等東西的時候，也會應念而至。其實，極樂世界的諸菩薩，他們所需之食並非實物，他們以心意行食，身心清淨柔軟，見到色聞到香，但又不執著於任何美味。那些飲食，在諸菩薩需要時就示現，食用完畢就化離而去。假使有的不願聞飲食之香之味，也可以應其心願，什麼也聞不到。如果心念需要摩尼寶珠等寶物來莊嚴修飾，或者需要宮殿樓閣、亭臺房宇，這些都能應心念需要而自然出現，大小不一，高下不等，或者處在虛空，或者立於平地，或者座落在寶樹旁，應有盡有，完滿具足。

「極樂佛國的諸菩薩和阿羅漢，也於極樂世界各修其道，各行法事。有的在地上講經誦經，有的在地上聽受佛經，有的在地上安靜地散步，或沈思修道，或坐禪修行；有的則在虛空中講經誦經，有的在虛空中聽受佛經，有的在虛空中往復散步，或者沈思修道，或者坐禪修習。他們當中如果有人尚未證得須陀洹道果，經過不同形式的修習，則能獲得須陀洹道果；同樣，還沒有得斯陀含道果的，能證得斯陀含果；沒有證得阿那含果的，則能獲得阿那含果，尚未得阿羅漢果的，也能證得阿羅漢果，尚未達到阿惟越致的，就能達到阿惟越致境界。總之，他們能在極樂世界，自由自在地修行其道，各自獲得各種道果。

原典

「復次阿難，彼佛國土，雖無大海，而有泉池處處交流。其水深廣，或十由旬、二十由旬、三十由旬，乃至百千由旬。其水清淨，具八功德❶。又水兩岸，復有無數栴檀香樹❷、吉祥果樹，華卉恆芳，光明照曜。若彼衆生，過浴此水時，要至足者，要至膝者，乃至要至頂者；或要冷者，溫者，急流者，慢流者，其水一一隨衆生意，令受禪定之樂。其寶池中，純是蓮華，有他方衆生來生其國者，即於蓮華中自然化生，結跏趺坐。

「又於水中，出種種聲，佛法僧聲、止息聲、無性聲、波羅蜜聲、十力四無所畏聲、神通聲、無作聲、無生無滅聲、寂靜聲、大慈大悲聲、喜捨聲、灌頂授記聲，衆生聞如是種種聲已，其心清淨，與聲中所說法相應，無諸分別，成熟善根，永不退於阿耨多羅三藐三菩提心。其有不願聞聲者，即如定中，一無所聞。

「復次阿難，彼國菩薩，或於晨朝欲供諸佛，思香華等，作是念時，華香、瓔珞、幢幡、網蓋及諸伎樂，隨意即至。其所散華，即於空中結成華蓋，或十由旬，或數十百千由旬，乃至遍覆三千大千世界。供養諸佛已，即於晨朝還到本國。若思飲食、湯藥、衣服、臥具等，亦復如是。此諸菩薩所需之食，實無食者，但見色聞香，以意爲食，身心柔軟，無所味著。事已化去，時至復現，其香味或有不欲聞者，即無所聞。又復思念摩尼寶❸等莊嚴，及宮殿樓觀、堂宇房閣，或大或小，或高或下，或處虛空，或在平地，或依寶樹而住。隨意所現，無不具足。

「其諸菩薩、阿羅漢，各自行道，中有在地講經誦經者，有在地受經聽經者，有在地經行❹者、思道者及坐禪者；有在虛空講經誦經者，有在虛空受經聽經者，有在虛空經行者、思道者及坐禪者。中有未得須陀洹❺道者，則得須陀洹道；未得斯陀含❻道者，則得斯陀含道；未得阿那含❼道者，則得阿那含道；未得阿羅漢❽道者，則得阿羅漢道；未得阿惟越致❾者，則得阿惟越致。各自行道，莫不自在。

注釋

❶**八功德**：指泉池水具有八種功德：㈠是澄淨，㈡是清冷，㈢是甘美，㈣是輕軟，㈤是潤澤，㈥是安和，㈦是飲時除饑渴等無量過患，㈧是飲後定能長養諸根四大，增益種種殊勝善根。（參見《稱讚淨土經》）

❷**栴檀香樹**：《本草綱目》稱此爲白檀、檀香。屬檀香科。該樹爲常綠喬木，幹高數丈，木質芳香，可供雕刻；把根研爲粉末，可做檀香，或者製作香油。葉長約五厘米，呈槍鋒狀對生。果實呈球形，有蠶豆一般大，熟時呈黑色，果核堅硬。

❸**摩尼寶**：是珠玉的總稱。摩尼意譯爲珠、寶珠。一般傳說摩尼有消除災難、疾病，以及澄清濁水、改變水色的功效，所以也稱之爲如意珠、如意寶、如意摩尼、摩尼寶、無價寶珠等。千手觀音的四十手中，右手即持日精摩尼，左手則持月精摩尼。

日精摩尼可自然發出光熱照明，月精摩尼可給人清涼，除人惱熱。

❹**經行**：指在一定的場所中往復回旋地行走。通常在吃飯後、疲倦時，或者坐禪昏沈瞌睡的時候，即起而經行，作一種調劑身心的安靜散步。

❺**須陀洹**：是聲聞乘四果中最初的聖果。又稱初果，即斷盡「見惑」的聖者所得的果位。全稱須陀般那，舊譯作入流、至流、逆流，新譯作預流。入流，就是初入聖者之流，逆流指斷三界之見惑後，方違逆生死之流，預流就是初證聖果者，預入聖道的法流的意思。

❻**斯陀含**：意譯為一來、往來，是沙門四果的第二果。斯陀含又分為斯陀含向與斯陀含果，就是進入預流果（初果）的聖者進一步斷除欲界一品至五品的修惑，稱為斯陀含向，或一來果向；要進一步斷除欲界第六品的修惑，還須由天上至人間一度受生，方可般涅槃，至此以後，不再受生，稱為斯陀含果，或一來果。

❼**阿那含**：略稱阿含，意譯為不還、不來、不來相。是聲聞四果中的第三聖果。進入阿那含果的聖者已斷盡欲界九品之惑，不再還來欲界受生。此階位的聖者中，如果九品之惑全部斷盡，則稱阿那含果；如果斷除七品或八品，則稱阿那含向；如果斷

除七、八品，而所餘的一、二品還須對治成無漏之根，須進一步受生至欲界，稱爲一向。另外，在阿那含果中，又有五種不還、七種不還、九種不還的差別。

❽**阿羅漢**：是聲聞四果之一，也是如來十號之一。意譯爲應、應供、應眞、殺賊、不生、無生、無覺、眞人。是指斷盡三界見、思之惑，證得全智，而能受世間供養的聖者。該果位通於大、小二乘，但一般都作狹義的解釋，專指小乘佛教中所得的最高果位而言。就廣義而言，則泛指大、小乘佛教中的最高果位。

❾**阿惟越致**：又作阿鞞跋致、阿毘跋致。譯爲不退、不退轉、無退、必定。退，乃謂退步、退墮之意，指退墮惡趣及二乘地（聲聞、緣覺之位），即由所證得之菩薩地及所悟之法退失。反之，不再退轉，至必能成佛之位，則爲不退。《大般若經》卷四四九載，入見道而得無生法忍，則不再墮退二乘地而得不退。復次，菩薩階位中，十住中之第七住，稱爲不退轉住，由此產生諸種不退之說。

譯文

「又阿難，在那無量壽佛的極樂世界，每天於晨起飲食的時分，香風微微吹動，搖曳各種寶樹寶網，觸發起各種微妙法音，演布宣說苦、空、無常、無我、諸波羅蜜等佛法眞諦。風送妙香妙音，聞到的人頓然滌除煩惱、洗盡塵垢惡習。香風吹身，頓覺神智清朗，如比丘證得滅受想定的境界一般。又那香風徐動時，吹得千樹萬樹，落英繽紛，灑落在一片佛土上，那些落花隨顏色的不同，而飄落有序，層層不同。寶花遍地，如圖如錦，又柔軟潔淨，恰似草木花絮。踏足而行，脚步深陷在花瓣中，人走過後，踏過的地方又平整如初。一段時辰過後，落花自然消失於地上。再過一段時辰，空中再飄落新花。一日之中，晨朝、日中、日沒、初夜、中夜、後夜，晝夜六時，花降花化，循還往復，永遠不斷。

「又阿難，那極樂世界，還有許多鳥兒，他們飛翔在虛空中，宛轉鳴啁，彷彿是佛在演說佛法的聲音，衆鳥的鳴唱在廣闊的佛土上相聞，他們其實並非眞正的畜生，而是佛憑佛力化示而來的。

「又阿難，那極樂世界，沒有日月星辰之分，也沒有白天黑夜之別；沒有劫數的名稱，也沒有高山流水、園林家室；在任何地方，沒有標記，沒有名號，更沒有讓人分辨取捨的東西。只有無數寶蓮花遍滿佛土，朵朵蓮花，有百千億蓮葉相伴。蓮花光彩奪目，色澤無限，青色的蓮花放出青光，白色的放出白光，黃色的放出黃光，紫色的放出紫光。每一朵蓮花中，放出無限光明，每一光明，又現出無數佛，每一尊佛，又放出千百種光明，爲十方世界廣弘佛法，教化衆生，使他們走上無上佛道。

「又阿難，今天不光是我一個人在這裏稱讚阿彌陀佛的無限光明功德，在遙遠的東方世界裏，有無數諸佛，他們也現出廣長舌相，放出無量的光明，發出誠實的宣說，共同稱讚無量壽佛的不可思議的無量功德。在遙遠的西方、南方、北方無數世界，也是如此，四維上下的無數佛土的無數諸佛還是這樣。爲什麼要這樣呢？目的在於讓一切衆生聽到無量壽佛的名號，能生淨信之心，憶佛功德，念佛名號，信受堅持，身心歸向，依止不捨，供養諸佛，以求往生那極樂佛土，證得永不退失的修行果位。

「又阿難，十方世界的一切衆生，凡是有至誠的心願要往生無量壽佛國極樂淨土的，可分爲三輩。三輩之中的上輩是那些削髮爲僧、投身沙門的人，他們發成就無上菩提的心願，一心專志於稱頌憶念無量壽佛，修德積善，以求往生極樂淨土。他們在臨終之際，無量壽佛等極樂世界的衆人，會出現在其面前，前來接引他們往生極樂淨土，往生淨土時，會在七寶蓮花中自然而然地化生，住於永不退失的修行果位，並且會馬上獲得智慧神通，達到自在無礙的境界。

「三輩之中的中輩，是十方世界一心發願往生淨土的一切衆生，雖然沒有投身沙門，卻能勤修功德的人。這些人也能發成就最高覺智的心願，並能專心持名念佛，盡力修善，奉守戒法，供養佛法僧三寶，以所修善德，回向給衆生，以期共往生極樂淨土。這些人在臨終之際，無量壽佛以化身相好光明現前，一切莊嚴如眞佛具足無異。像接引上輩之人一樣，佛及衆化佛會來到此人跟前，此人也就跟隨化佛往生極樂世界，住於永不退轉的果位，其功德智慧，僅次於上輩。

「三輩之中的下輩是十方世界的一切衆生，他們有至誠之心，願往生淨土的，但又不能完全修德積善，只要能發成就無上覺智的心願，專心持名念佛，或者具足十念稱頌無量壽佛，以求往生淨土，或者只要聽到佛法後，能歡喜信從，沒有疑惑，誠心正念，甚至以一念配合一聲佛號，稱名一句，願往生淨土，那麼這樣的人就能在臨終之際，夢見無量壽佛前來接引往生極樂世界，不過這些人的功德智慧，要比中輩之人差些。」

原典

「復次阿難，彼佛國土，每於晨食時，香風自起，吹動寶樹寶網，自觸出微妙音，演說苦、空、無常、無我、諸波羅蜜。其有聞者，塵勞垢習，自然不起，風觸其身，如比丘得滅盡定❶。復吹樹華，落放地上，遍滿佛土，隨色次第，而不雜亂，軟妙如兜羅綿，足履其上，蹈下四寸，隨足舉已，復還如故。過一時後，其華自然沒入於地，隨其時節，復雨新華。一日之中，如是六反。

「復次阿難，彼佛國土，復有衆鳥，住虛空界，出種種音，猶如佛聲說法，普聞世界，皆是佛力化作，非實畜生。

「復次阿難，彼佛國土，無有日月星曜晝夜之象，亦無劫數之名，亦無山川高下、林苑家室。於一切處，既無標示，亦無名號，亦無取捨分別。惟有衆寶蓮華，周滿世界，一一寶華，百千億葉。其華光明，無量種色，青色青光，白色白光，黃色黃光，紫色紫光。一一華中，出三十六百千億光；一一光中，出三十六百千億佛；一一諸佛，又放百千光明，普爲十方說微妙法，各各安立衆生於佛泥洹之道。

「復次阿難，不獨我今稱讚阿彌陀佛光明功德。東方過恆河沙數世界，諸佛如來亦各出廣長舌相，放無量光，說誠實言，稱讚無量壽佛不可思議功德。西方、南方、北方恆河沙數世界諸佛，亦復如是；四維上下恆河沙數世界諸佛，亦復如是。何以故？欲令眾生聞彼佛名，發清淨心，憶念受持，歸依供養，求生彼界，得不退轉故。

「復次阿難，十方世界諸天人民，其有至心願生彼國，凡有三輩。其上輩者，捨身出家而作沙門，發無上菩提之心，一向專念無量壽佛，修諸功德，願生彼國。此等眾生，臨壽終時，無量壽佛與諸大眾，現其人前。即隨彼佛，往生其國，便於七寶華中，自然化生，住不退轉，應時即得智慧神通自在。

「其中輩者，十方世界諸天人民，其有至心願生彼國。雖不能行作沙門，大修功德，當發無上菩提之心，一向專念無量壽佛，多少修善，奉持齋戒，供養三寶，以此回向❷，願生彼國。其人臨終，無量壽佛化現其身，光明相好，具如眞佛，與諸大眾，現其人前。即隨化佛往生其國，住不退轉，功德智慧，次於上輩者也。

「其下輩者，十方世界諸天人民，其有至心欲生彼國，假使不能作諸功德，當發無上菩提之心，一向專意，乃至十念念無量壽佛，願生其國。若聞法歡喜信樂，不生疑惑，乃至一念❸念於彼佛，以至誠心，願生其國。此人臨終，夢見彼佛，亦得往生，功德智慧，次於中輩者也。」

注釋

❶**滅盡定**：又作滅受想定、滅盡三昧。即滅盡心、心所（心的作用）而住於無心位的寂定。與無想定並稱二無心定，然而無想定是異生凡夫所得，而滅盡定則是佛以及全部獲得解脫的阿羅漢遠離定障所得，也就是以現法涅槃的勝解力而修得的入定。

❷**回向**：又作轉向、施向。意思是指以自己所修的善根功德，回轉給衆生，並使自己趨入菩提涅槃。或者以自己所修的善根，爲亡者追悼，以期亡者安穩。淨土宗認爲，回向有兩種：一是往相回向，即回施自己過去及今生的功德給衆生，而願共生淨土。二是還相回向，即已經往生淨土後，生大悲心，再回入此土教化衆生，以希望共向佛道。道綽在《安樂集》卷下中，解釋回向有以下六種：㈠以所修諸業回向阿彌陀佛，往生淨土，待得六通後，再返世間救度衆生。㈡回因向果。㈢回下向上。㈣回遲向速。㈤回施衆生悲念向善。㈥回入去卻分別之心。

❸**一念**：指一次心念。念是思念的意思，一般有心念、觀念、稱念，因而以一念配合一聲佛號，稱名一句就是一念。義寂的《無量壽經疏》中說：「此言念者，謂稱南無阿彌陀佛。經此六字，頓名一念。」

譯文

佛又告訴阿難：「那無量壽佛所在的極樂世界裏的諸菩薩，都能在一生裏候補佛的位置，但那些爲拯救衆生，發殊勝大願，從極樂世界進入生死界，教化度脫有情衆生的菩薩們除外。阿難，在那極樂世界，諸多的聲聞弟子，其身光有八尺長，諸菩薩的身光能照徹成百上千由旬。衆菩薩中，有上首二尊，他倆於一切衆中，最爲第一，其光明能普照三千大千世界。」阿難問道：「那兩位菩薩是誰？」佛說：「他倆一名叫觀世音，一名叫大勢至，這兩位菩薩現就居住在我們這個娑婆世界，行菩薩大道，利樂有情，攝護那些念佛衆生脫離苦途，往生極樂世界。阿難，你要知道，那些能往生極樂世界的衆生，慧根有鈍有利。鈍根器的人，受佛法教化，才能成就生忍與法忍的境界；那利根器的人，能證得體認一切事物之實相爲空，心安住於眞理而不動的無生法忍的無限智慧境界。再者，那極樂世界的諸菩薩，在其行道過程中，乃至成佛時，永離惡趣，神通無限自在無礙。除非他們願入生死界，在五濁惡世中示現爲穢土衆生，但不影響他們生生世世，常憶宿命，不昧本因。」佛接著叫阿難起身，面向西方頂禮示敬。」

阿難馬上從座位上起來，合掌而立，面向西方，五體投地，頂禮膜拜，並對佛說道：「我今天想見到那極樂世界以及無量壽佛，以便我更好地供養禮拜無量壽佛，更好地廣種善根。」說完，阿難便馬上看到無量壽佛從其掌心放出無限光明，普照一切佛土。無量壽佛光明四射，娑婆世界的所有黑山、金山、寶山、目眞鄰陁山、須彌山、鐵圍山，以及所有的大海江河、樹木叢林、天人房舍宮殿等一切景物，無不沐浴在光明之中。無量壽佛的光明，恰如一輪紅日朗照世間，使所有聲聞衆和諸菩薩的光明頓時遜色。

那時，天龍八部等其他聽法衆生，也都親眼目睹了極樂世界的種種莊嚴景觀，也看到了諸多聲聞菩薩圍繞在無量壽佛身旁，恭聽佛法的情景，那情景就像住在高高的須彌山上的天王從大海深處出來一樣。此時的極樂世界，雖在遙遠的西方世界的億萬里之外，但佛陀以其威神之力，就像近在眼前一樣，佛從極樂世界察見我們這個世界，也同樣如近在眼前。

接著，佛又對彌勒菩薩說：「彌勒，你可曾看到那極樂世界，從地往上，直至色究竟天的一派美妙莊嚴？你可曾聽到那無量壽佛在弘傳宣說佛法，其大法妙音在廣袤的佛土上流布弘揚，化導衆生？你可曾見到極樂國土的衆生，身如浮雲般輕盈地穿行遊走在虛空宮殿的情景？可曾看到他們能遊遍十方世界供養諸佛的情景？」彌勒菩薩點頭稱是，連聲說道：「世尊，你所問的那些，我全部耳聞目睹到了。」

原典

佛告阿難：「彼國菩薩，皆當究竟一生補處，除其宿願爲衆生故，以大宏誓，入生死界，度脫有情，隨意而作佛事。阿難，彼佛國中，諸聲聞衆，身光❶一尋❷，菩薩光明，照百由旬，或千由旬。又有二菩薩，最尊第一，光明普照三千大千世界。」阿難白佛：「彼二菩薩其號云何？」佛言：「一名觀世音❸，一名大勢至❹。此二菩薩現居此界，作大饒益，攝念佛人生彼佛國。阿難，其有衆生，得生彼國，其鈍根者，見佛聞法，成就二忍❺，其利根者，得不可計無生法忍❻。又彼菩薩，乃至成佛，不受惡趣，神通自在，除以宿願，生他方五濁惡世，示現同彼❼，常識宿命。阿難，汝起面西頂禮❽。」

爾時，阿難即從座起，合掌面西頂禮，五體投地，白佛言：「我今願見極樂世界無量壽佛，供養禮拜，種諸善根。」即時無量壽佛，於其掌中放無量光，普照一切諸佛世界。於此世界，所有黑山、雪山、金山、寶山、目眞鄰陁山、須彌山、鐵圍山，大海江河、叢林樹木及天人宮殿，一切境界，無不照見。譬如日出，明照世間，亦復如是。聲聞、菩薩，一切光明，皆悉隱蔽。

爾時會中，天龍八部，人非人等，皆見極樂世界種種莊嚴，及見無量壽如來，聲聞菩薩圍繞恭敬，譬如須彌山王，出於大海。爾時，極樂世界，過於西方百千俱胝❾那由他國，以佛威力，如對目前，彼見此土，亦復如是。

爾時，世尊告彌勒菩薩言：「汝見極樂世界，從地以上，至色究竟天，諸莊嚴否？汝聞無量壽佛，大音演說妙法，宣布一切佛剎，化衆生否？汝見彼國衆生，遊處虛空、宮殿隨意否？或遍至十方，供養諸佛否？」彌勒菩薩白佛言：「世尊，如佛所說，一一皆見。」

注釋

❶**身光**：佛門聖衆有頂光與身光，從身上所發出的光稱爲身光。

❷**尋**：古代長度單位，八尺爲一尋。

❸**觀世音**：以慈悲救濟衆生爲本願的菩薩，西方極樂世界阿彌陀佛的左脇侍，「西方三聖」之一。凡是遇難衆生誦念其名號，菩薩就馬上觀其音聲前往拯救解脫，所以稱觀世音菩薩。中國唐代因避諱唐太宗李世民的名，所以去掉「世」字，略稱「觀音」。觀世音是中國佛教的四大菩薩之一。相傳其顯靈說法的道場在浙江普陀山。據稱觀世音的生日是農曆二月十九，成道日是農曆六月十九，出家日是農曆九月十九。隨著歷史的發展，產生了各種不同的有關觀音名稱和形象的說法，有六觀音、七觀音、甚至三十三觀音，但一般所說的觀音是指作爲總體的聖觀音。據稱觀音可以應機以種種化身救衆苦難。觀音在中國寺院中的塑像常作女相，女相觀音造像始於南北朝，盛於唐代以後。

❹**大勢至**：佛教菩薩名，也稱「得大勢」、「大精進」，與觀世音菩薩同爲西方極樂世界阿彌陀佛的脇侍，世稱西方三聖，大勢至是阿彌陀佛的右脇侍。此菩薩因其智慧光普照一切，令衆生離三途，得無上力；又在行動時，十方世界一切地皆震動，所以被稱爲「大勢至」。《首楞嚴經》卷五〈念佛圓通章〉稱，大勢至菩薩於因地時，以念佛心入無上忍，所以今攝此娑婆世界的念佛衆生，歸入淨土。另外，《悲華經》卷三載，當阿彌陀佛入滅後，由觀世音菩薩補其位；觀世音入滅後，則由大勢至補處成佛。關於大勢至菩薩的形象，《觀無量壽經》說其天冠中有五百寶華，一一寶華又有五百寶臺，每一寶臺皆現十方諸佛之淨妙國土相；頂上的肉髻如鉢頭摩華，肉髻中安置一寶瓶，其餘身相與觀世音菩薩大同小異。

❺**二忍**：忍是忍辱、忍耐、堪忍、忍許、忍可、安忍等意思，即受他人的侮辱惱害等而不生瞋心，或自身遇害而不動心，證悟眞理，心安住於理上。忍有多種分類，二忍是其中之一。二忍，一是指生忍與法忍。雖然受衆生迫害或優遇，仍然不執著於違順之境而忍，或者觀衆生沒有初、中、後的差別，而在衆生之上體認空理，不墮於斷、常二邊，二陷於邪見，這就是生忍（又作衆生忍）；體認一切事物的實相爲

空，心安住於此眞理之上而不動，這就是法忍（又稱無生法忍）。二是指世間忍與出世間忍。初心菩薩以有漏心，依諸果報福業，對所遇世間苦樂違順的事加以忍耐，這就是世間忍，也就是有相、有漏的安忍；大菩薩安住法性之理，自在表現各種作用，而無絲毫執著，稱爲出世間忍，即無相、無漏的安忍。三是指安受苦忍與觀察法忍。前者是指能安心忍受疾病、水火、刀杖等苦，而不爲所動；後者是指能觀察諸法體性虛幻，本無生滅，信解眞實而心無妄動，安然忍可。

❻**無生法忍**：是指體認一切事物的實相爲空，心安住於眞理之上而不動。

❼**彼**：此處「彼」是指穢土衆生。

❽**頂禮**：即兩膝、兩肘及頭著地，以頭頂敬禮，承接所拜的人的雙足。向佛像行禮時，舒開兩掌過額頭，承空，以表示接佛足。頂禮的意思跟五體投地、接足禮相同，是印度最上的敬禮。

❾**俱胝**：是印度數量名稱，意譯爲億。《玄應音義》卷五載：俱致，或稱俱胝，即中土所稱的「千萬」或「億」。

譯文

彌勒菩薩向佛問道：「世尊，在那極樂世界，為什麼有些只能在地面上的宮殿房舍活動，而不能隨意遊行於虛空，獲得神通，自在無礙？」佛回答道：「那些人是處在極樂世界的化設城邑地帶的衆生，這些人由於在世時尚未完全了悟最高佛智，只是相信罪福報應，修行善根，願往生極樂淨土。這些人在臨終之際，只能往生到極樂世界邊界地區的七寶化城中，城邑方圓各二千里，城中也像在位於欲界六天之第二天即忉利天一樣，有房舍住宅、寶樹寶池，具足種種供養。城邑中的衆生，五百年內不能遊走行進於虛空，不能親自見佛聽教。這就像在轉輪聖王的國土上一般，如果諸位小王子獲罪，該國有七寶牢獄，就把他們幽閉起來，衣食供養等物質待遇及娛樂條件仍然提供，跟轉輪聖王一樣，但就是得用金鎖鎖住雙腳，不讓這些王子亂動，你說他們樂意待在那兒嗎？」

彌勒菩薩回答說：「當然不樂意，他們肯定會想盡方法出來。」

佛接著對彌勒說：「處在化城裏的諸位衆生也是同樣的心情啊！這又恰似現世的

芸芸衆生在母腹中尚未出世之前，什麼也看不到，什麼也聽不到的情形。那些化城中的衆生，雖處在華胎，但因爲不能見佛聽法，所以他們的情形與現世衆生在母胎中的情形一樣。這都是由於前世所造作之業決定的，在過去世中，他們所修的善根，沒有能完全絕妄離相，還是有所分別、有所執著，沒有能證得最上佛智。他們以爲往生極樂佛國，只是修行簡單的福樂果報，這樣，因果相感，就往生到化城裏，在那兒雖然因福德而招感人天樂果，但卻苦於不能見佛聞法，不能因修習智慧而招感最高覺悟。這些衆生在化城中只有作長久的懺悔自責，以求離開化城，才能最終詣無量壽佛土，供養佛並聽從佛的教化而開悟，開悟後，才能遊行於他方諸佛世界，繼續修行。

佛說：「這樣的眾生，雖然暫時脫離了三界迷苦，但破邪見斷無明的信根慧根尚未完全增長，只能局限於世俗的聰明機智善辯，對事相、情識有所分別、有所執著，只迷戀人天福報的人，也許還會增加邪心罪業，這又怎麼能出離苦界，超脫生死輪迴呢？

「彌勒，你應當知道，現世衆生身處在五濁惡世上，勇猛策進，勤修善法一天一夜，就勝過在天上修行百年。爲什麼這樣說呢？因爲天上樂多苦少。在這個需要安忍的五濁惡世上，策進勤修十天十夜，就勝過在他方佛國的化城邊地修行千年，爲什麼呢？同樣是因為他方佛國的化城邊地相對來說苦少樂多。」

彌勒菩薩向佛問道：「世尊，你說此土和他方佛土有多少菩薩能夠往生極樂淨土？」佛回答道：「彌勒，我此娑婆世界有七百二十億菩薩，已經曾供養無量壽佛，廣種善德，所以應當往生極樂淨土。那些修習小功德、修行十信的小行菩薩，能夠往生的數目則不可計算。」

原典

「世尊，云何彼土眾生，亦有宮殿處地，不能遊行虛空，神通自在者耶？」佛言：「此乃彼國化城❶邊地❷眾生，由彼在世時，不了諸佛不思議智❸、大乘廣智❹、最上勝智❺，但信罪福❻，修習善本，願生其國。此人命終時，生彼國邊界七寶城中，其城縱廣各二千里，城中亦有舍宅、寶樹、寶池供養，如第二忉利天。其人於其城中，凡五百歲，不能遊行虛空，不能見佛聞法。譬如轉輪聖王❼，有七寶牢獄，若諸小王子得罪，幽此宮中，衣食供帳伎樂，如轉輪王，而以金鎖繫其兩足，此諸王子寧樂處彼否？」

彌勒言：「不也，但以種種方便求出。」

佛告彌勒：「此諸衆生，亦復如是。又如此土衆生，處母胎中，尙未出胎，一切無所見聞，此等衆生，亦復如是。雖處華胎，而不能見佛聞法，與此土處胎無異。由其宿命，所種善根，不能離相，不求佛慧，妄生分別。視生佛國，如求人天福報，是故因果相感，生此化城，雖有餘樂，而以不見佛爲苦。待彼衆生，久知悔責，求離彼處，乃能往詣無量壽佛所，供養聞法，既聞法開悟已，乃得遍至諸佛世界所，修其功德。此等衆生，暫離三界❽輪迴，信慧❾未全，尙復如是；況乃世智聰辯，取相分別，情執深重，但求人天福田，增益邪心，永在三界獄中，云何得免輪迴、出離生死？

「彌勒當知，衆生在此五濁❿惡世，精進一日一夜，勝在天上爲善百歲。所以者何？天上多樂少苦故。在此忍界，精進十日十夜，勝在他方佛國邊地，爲善千歲。所以者何？佛界邊地，多樂少苦故。」

彌勒菩薩白佛言：「世尊，今此娑婆世界及諸佛刹，有幾多菩薩，得生極樂世界？」佛言：「彌勒，我此娑婆世界，有七十二那由他菩薩，已曾供養無量壽佛，植衆德本，當生彼國。其諸小行菩薩⓫，修習小功德，當來得往生者，不可勝計。」

注釋

❶**化城**：指變化的城邑。《法華經》卷三〈化城喻品〉載，有眾人將過五百由旬險難惡道以達寶處，疲極欲返，其導師為振奮眾人，以方便力，於道中三百由旬處化作一城，使他們得到蘇息，終能向寶處前進。

❷**邊地**：此處指極樂淨土的邊緣地帶。

❸**不思議智**：謂佛能以少作多、以近作遠、以輕為重、以長為短，反之亦可，故稱不思議智。

❹**大乘廣智**：謂佛無所不知，無煩惱不斷，無善不備，無眾生不度。

❺**最上勝智**：謂佛智如實而不虛妄，得如實三昧，常在深定，遍照萬法無與倫比，如法而照，其照無量。

❻**罪福**：罪與福的並稱。五戒、十善等善業能招致樂報，稱為福、福德。反之，五逆、十惡等惡業能招苦報，則稱罪、罪惡。

❼**轉輪聖王**：意思是旋轉輪寶（相當於戰車）的聖王。轉輪聖王是印度神話中的人物

，此王即位，自天感得輪寶，擁有輪、象、馬、珠、女、居士、主兵臣等七寶，具足長壽、無疾病、容貌出色、寶藏豐富等四德，統一四方，以正法御世，其國土豐饒，人民和樂。

轉輪聖王出現之說盛行於釋尊時代，諸經論常常將佛陀與輪王比擬，以輪王的七寶及其治化與佛的七覺支並舉。或者將佛陀說法稱作轉法輪。《法苑珠林》卷四十三，舉輪王有軍輪王、財輪王、法輪王，阿育王爲軍輪王、金輪、銀輪、銅輪、鐵輪四王爲財輪王，如來爲法輪王。另外，因輪王能飛行於空中，所以也稱之爲「飛行皇帝」。

❽**三界**：佛教把世俗世界劃分爲欲界、色界、無色界，認爲迷妄的有情衆生都在生滅變化中流轉，依其境界所分而存在於欲界、色界、無色界。欲界，爲具有食欲、淫欲等欲望的衆生所居住的世界。包括：五道中的地獄、畜生、餓鬼、六欲天和人，以及他們所依存的場所（器世間），如人所居的四洲等。色界，位於欲界之上，爲那些已經離開食、淫等欲望的衆生所居住。色界沒有欲染，亦無女形，其衆生皆由化生。色界宮殿高大，係由色之化生（色是變礙或示現的意思），一切都殊妙精好

。因其還存在色質，所以稱色界。無色界，是只有受、想、行、識四心而無物質的有情所住的世界。此界無一物質之物，也沒有身體、宮殿、國土，只有以心識住於深妙的禪定，所以稱無色界。佛教以「三界」為「迷界」，認為從中解脫達到涅槃才是最高理想。

❾**信慧**：指三十七道品中「五根」的信根與慧根。信可以破邪見，慧可以斷無明。

❿**五濁**：又作五滓。指減劫（人類壽命次第短的時代）中所起的五種滓濁。五濁是指：㈠劫濁，減劫中，人壽減至三十歲時饑饉災起，減到二十歲時疾疫災起，減至十歲時刀兵災起，世界衆生無不被害。㈡見濁，指正法已滅，像法漸起，邪法轉生，邪見增盛，使人不修善道。㈢煩惱濁，指衆生滋生各種愛欲，攝受邪法而惱亂心神。㈣衆生濁，又作情濁，指衆生作惡多端，不孝敬父母尊長，不畏惡業果報，不作功德，不修慧施、齋法，不持禁戒等。㈤命濁，又作壽濁。往古時代，人壽八萬歲，現今惡業增加，所以壽命短促，百歲者很少。五濁之中，以劫濁為總，以其餘四濁為別。

⓫**小行菩薩**：十信菩薩為小行，小行菩薩是相對於修成不退轉位的大行菩薩而言的。

十信是指菩薩五十二階位中，最初十位應修的十種心。這十種心在信位，能助成信行，全稱十信心。這十信心是：信心、念心、精進心、定心、慧心、戒心、回向心、護法心、捨心、願心。

譯文

佛又對阿難說：「不僅我此土有諸多菩薩能往生極樂淨土，他方佛土也是這樣。例如，在難忍佛土，有十八億菩薩能往生極樂淨土；在寶藏佛國，有九十億菩薩能往生極樂淨土；在火光佛國，有二十二億菩薩能往生極樂淨土；在無量光佛土，有二十五億菩薩能往生極樂淨土；在世燈佛國，有六十億菩薩能往生極樂淨土；在龍樹佛國，有一千四百億菩薩能往生極樂淨土；在無垢光佛國，有二十五億菩薩能往生極樂淨土；在師子佛國，有一千一百零八億菩薩能往生極樂淨土；在吉祥峰佛土，有二千一百億菩薩能往生極樂淨土；在仁王佛土，有一千億菩薩能往生極樂淨土；在華幢佛土，有一億菩薩能往生極樂淨土；在光明王佛土，有十二億菩薩能往生極樂淨土；在得無畏佛土，有六十九億菩薩能往生極樂淨土，如此等等，十方世界的無數佛國中，能夠像這樣往生的，即便經過晝夜一劫，也說不完。

「如果有善男子、善女人，能聽聞無量壽佛的名號，一念至信，歡喜踴躍，誠心歸依，毫無疑惑，那麼就可以推斷此人前世曾已在諸佛所，種下了諸善根，這些一心念佛的人，就不是自了小乘。此外，如果有善男子善女人能夠書寫、供養這部經典，信受奉持、讀誦經文，並且向他人演布宣說經文內容，甚至能通宵達旦樂此不疲，不斷思量極樂世界及無量壽佛身的圓滿功德。那麼，此人臨終的時候，即使三千大千世界全都劫火洞然，他也能夠超脫火宅，從容往生極樂國土。這樣的人，都已於過去佛前，已受菩薩記，都應當作佛，並且為一切如來所共同稱讚，能夠隨意成就、證悟最高覺智。」

佛又對彌勒說：「我悲憫此土的芸芸衆生，他們一生奔波勞碌，為欲心所役，耗盡其形體和壽命。他們沒有田宅則心憂田宅，沒有金銀財寶則心憂金銀財寶，沒有親眷家屬，就渴求親眷家屬。一旦擁有了，又害怕天災人禍，水火盜賊，害怕怨家債主，燒殺掠奪。他們日夜驚恐萬狀，疑惑發愣，身心沒法平靜放鬆。等死到臨頭，卻一切付之東流撒手拋去，什麼也帶不走。又有人對於怨家仇人，思想著加倍報復，對於恩情愛欲，貪戀不捨，這樣愈演愈烈，世世加劇。於是，有的父哭子，有子哭父，有的兄弟夫婦互相悲傷哭泣。人在種種情愛與貪欲中展轉浮沈，只有自己的神識獨生獨死，獨往獨來，自己的苦樂果報，也是自作自受，沒有誰能替代。還有一些人，局限於勉力修得世間福田，執著於世相情識，只求獲得人天有漏福樂果報，不求證得最高佛智。這樣，只增加了生死相續，不能超脫六道輪迴，以至於生生世世，往來流轉於五道，其間酸甜苦辣、禍殃不安、變幻不定。所生之處，善惡果報相隨，相從不捨，幽冥難測。臨終分手，竟成永別，他們因果不同，生處懸殊，三途一報歷五千劫，展轉六趣，要想重逢，難上加難。造成這樣的境況，都是由於這些人沒有了悟最高佛智，沒有聽信佛的話語，從而沒有能從根本上超越生死輪迴，於是迷茫沈沒於愚癡苦海中，長期不得解脫。

原典

「復次阿難，難忍佛刹，有十八億菩薩，生彼國土；寶藏佛刹，有九十億菩薩，生彼國土；火光佛刹，有二十二億菩薩，生彼國土；無量光佛刹，有二十五億菩薩，生彼國土；世燈佛剎，有六十億菩薩，生彼國土；龍樹佛剎，有千四百億菩薩，生彼國土；無垢光佛剎，有二十五億菩薩，生彼國土；師子佛剎，有千百八億菩薩，生彼國土；吉祥峰佛剎，有二千百億菩薩，生彼國土；仁王佛剎，有千億菩薩，生彼國土；華幢佛剎，有一億菩薩，生彼國土；光明王佛剎，有十二億菩薩，生彼國土；得無畏佛剎，有六十九億菩薩，生彼國土。此外，十方世界無量佛國，其往生者，亦復如是。晝夜一劫，說不能盡。

「若有善男子、善女人，得聞無量壽佛名號，深心信樂，至誠歸依，無所疑惑，當知此人夙世已曾於諸佛所，種諸善根，非是小乘。若於此經典，書寫供養，受持讀誦，爲他演說，乃至於一晝夜，思惟彼剎及佛身功德，此人命終，假使三千大千世界滿中大火❶，亦能超過，生彼國土。是人已曾値過去佛，受菩薩記，一切如來同所稱讚，無上菩提，隨意成就。」

佛語彌勒：「我悲此土衆生，盡其形壽，爲心走使。無田宅，憂田宅；無財寶，憂財寶；無眷屬，憂眷屬。適然得之，又憂非常，水火盜賊，怨家債主，焚漂劫奪，日夜怔營，無有休息。身亡命終，棄捐之去，莫誰隨者。又或於所怨仇，更相報復；

於所恩愛，互相貪戀，世世轉劇。或父哭子，或子哭父，兄弟夫婦，更相哭泣。惟已之神識獨生獨死，獨往獨來，苦樂自當，無有代者。或有勉修福田，情執深重，但求人天有漏果報。只增生死，不出輪迴，永劫以來，流轉五道❷，憂畏勤苦，不可勝言，變化殃咎。異處善惡，自然追逐，去無所至，窈窈冥冥。別離久長，道路不同，會見無期，甚難甚難。**此皆不了佛智，不信佛語，不拔生死輪迴根本，迷沒愚癡苦海，無有出期。**

注釋

❶**大火**：指劫火。成劫之後爲住劫，住劫之後有壞劫；壞劫之末有火風水三災。此火災就稱劫火。《仁王經》言：「劫火洞然，大千俱壞。」

❷**五道**：與「五趣」同義。指有情衆生所趣之處有五種分別，即地獄、餓鬼、畜生、人、天。

譯文

「我們應當知道，芸芸衆生處在這個五濁惡世中，長期深受五痛五燒的折磨，是十方世界中，最值得憐憫悲懷的。五濁、五痛、五燒的折磨是什麼呢？五濁分別是劫濁、命濁、見濁、衆生濁、煩惱濁；五痛分別是生時痛、老時痛、病時痛、死時痛、患難窮苦痛；五燒分別是淫欲火燒、瞋忿火燒、貪盜火燒、邪僞火燒、愚癡火燒。我如今在這五濁惡世上成佛，爲勸說化導衆生，超脫五濁惡世，擺脫五痛五燒的折磨，宣說這些易行難信的佛法，這就更爲困難。應當知道，世間衆生，如果聽聞無量壽佛的名號，就恭敬瞻仰，歡喜信受並至心歸依，那麼這些衆生就是前世早已種下善根，已經曾供養諸佛。如果有些人聽到無量壽佛的名號，不敬仰不信受並不樂於誠心奉持，那麼這些人都是從惡道中來，沒有種下善根。」

佛告訴彌勒菩薩：「佛陀出興於世以來，難逢難見，那些佛法經教，也很難得到很難聽聞到，如果能夠聽聞到這部佛經，繼而歡喜深信，至心奉持，這就難上加難，沒有比至心奉持更難得了。將來，當經道滅盡時，爲慈悲哀憐世間衆生，我特意留下這部經典，它只在世間流傳一百年。如果有人遇見到這部經典，繼而生發信願，那麼他們將全都能夠得到度脫。再往以後，這部《無量壽經》也將寂滅，只會留下阿彌陀佛四個字以普度衆生。所以，你們應當信受奉持我所說的這些話，讓佛法在衰頹的時代繼續流傳、不斷弘揚。」

這時，世尊宣說完這部經典，無數衆生全都生發成就最高覺智的心願，有一萬二千那由他之多的人遠離煩惱，證得清淨法眼；有二十二億之多的天、人證得阿那含果；有八百個比丘煩惱斷盡、心意解脫，證得阿羅漢果；有四十億的菩薩修行功德善根愈增愈進，能夠永不退失轉變，並發大誓願，濟度衆生，爲利益他人而不惜身命所累積的功德以嚴飾其身格，這些菩薩，將於來世獲得最高覺果。

此時，三千大千世界出現六種震動，佛光普照十方國土，百千種美妙的音樂自然生起，充盈繚繞在廣闊的空間，無數美麗的天花也從天而降，紛飛在高遠的虛空中。佛所說的這部經典到此結束，阿難尊者、彌勒菩薩、天龍八部及一切大衆，全都歡喜踴躍，堅固深信，守護奉行。

原典

「當知衆生處此五濁惡世，長受五痛五燒，於諸世界中，最可憐愍。何謂五濁？劫濁、命濁、見濁、衆生濁、煩惱濁，是爲五濁。何謂五痛、五燒？生時痛、老時痛、病時痛、死時痛、患難窮苦痛；淫欲火燒、瞋忿火燒、貪盜火燒、邪僞火燒、愚癡火燒，是爲五痛五燒。我今於此五濁惡世成佛，勸導衆生出五濁，離五痛，斷五燒，說此易行難信之法，是爲甚難。當知衆生，或聞無量壽佛名號，悲悚信樂，深心歸依者，皆是夙種善根，已曾供養諸佛。若有聞無量壽佛名號，不敬不信，不樂受持者，皆是惡道中來，不種善根所致。」

佛語彌勒：「如來出世，難值難見，諸佛經法，難得難聞，若聞此經，信樂受持，難中之難，無過此難。當來之世，經道滅盡，我以慈悲哀愍，特留此經，止住百歲。其有衆生值斯經者，隨意所願，皆可得度。過是以往，《無量壽經》亦滅，惟餘阿彌陀佛四字，廣度群生。汝等當受持我語，廣流末法，毋令斷絕。」

爾時，世尊說此經已，無量衆生皆發無上正覺之心，萬二千那由他人，得清淨法眼❶；二十二億諸天人民，得阿那含果；八百比丘，漏盡❷意解；四十億菩薩，得不退轉，以宏誓功德，而自莊嚴，於將來世，當成正覺。

爾時，三千大千世界六種震動，光明普照十方國土，百千音樂，自然而作，無量妙華，雨滿虛空。佛說是經已，尊者阿難及彌勒菩薩，天龍八部，一切大衆，皆大歡喜，信受奉行。

注釋

❶**清淨法眼**：指具有觀見眞理等諸法而無障礙、疑惑的智慧之眼。

❷**漏盡**：意思是指煩惱斷盡，心意解脫，證得阿羅漢果。漏，是煩惱的異稱。

2 觀無量壽經

譯文

我親自聽佛這樣說：

那時，佛住在王舍城的耆闍崛山上，與一千二百五十名大比丘及三萬二千名菩薩在一起，其中文殊師利菩薩爲佛的上首大弟子。

當時，作爲摩揭陀國首都的王舍城裏，有一個名叫阿闍世的王太子，他聽從惡友提婆達多的教唆，捉拿了他的父王頻婆娑羅，並把他關閉在七重禁室中，不許諸位大臣前往探望國王。國王的夫人韋提希，非常敬仰熱愛國王，常常暗地裏沐浴淨身後，用酥蜜和麨塗在身上，並在佩戴的瓔珞飾物中，裝著葡萄漿，偷偷地送給國王。每當國王吃過麨蜜、葡萄漿並漱過口後，就恭敬地合掌面向耆闍崛山方向，遠遠地向佛禮敬祈禱，並說道：「大目犍連，是我的親友，希望佛能大發慈悲，派大目犍連來，傳授八戒佛法給我。」

於是，大目犍連就像鷹隼一樣迅速來到國王跟前，天天爲他傳授八戒佛法。佛陀又派富樓那尊者爲國王宣說佛法。這樣，經過了二十一天，國王因爲吃了麨蜜，又聽了佛法，所以顯得紅光滿面、精神煥發。

這時，阿闍世一看，就忙問守門人道：「父王怎麼還能活到現在？」守門人就對阿闍世說：「大王，事情是這樣的，那國母每天在身上塗著麨蜜，瓔珞中裝著葡萄漿，送過來給國王吃。另外，那沙門大目犍連和富樓那也每天從空而降，前來爲國王宣說佛法，這些我們都制止不住啊！」

這時，阿闍世一聽，就破口大罵其母親道：「我母親是賊，竟與賊父王爲伍。那些沙門是壞人，也作幻惑呪術，讓這罪惡的父王多日不死。」說著，就拿起利劍，要去殺他母親韋提希夫人。

這時，有一位足智多謀名叫月光的大臣，與耆婆大臣一起上前行禮勸說道：「大王，我們曾聽聞《毘陀論經》上說過，在有情世界開始之初，曾有不少惡王爲貪圖最高王位，殺害了他們的父王，這樣的事件有一萬八千之多。但是，我們從來不曾聽說過惡王害母這樣的事，大王今天竟然要做出殺害母親這種大逆不道的事，沾污剎帝利種的事，我們實在是不堪耳聞。對於這樣的暴行逆施，我們覺得不適宜繼續在此效力。」二位大臣說完這些話，就手按寶劍，退出去。

當時，阿闍世見狀，十分驚恐，忙對耆婆大臣說：「難道你也不想爲我做事？」耆婆回答說：「大王，你千萬不能殺害你的母親。」阿闍世聽罷，最終醒悟自責，懺悔不已，馬上扔掉利劍，決定不殺母親，便叫內官將母親禁閉在深宮中，不讓她再出來。

原典

如是我聞：

一時，佛在王舍城耆闍崛山中，與大比丘衆，千二百五十人俱，菩薩三萬二千，文殊師利法王子而爲上首。

爾時，王舍大城，有一太子名阿闍世，隨順調達惡友之教，收執父王頻婆娑羅，幽閉置於七重室內，制諸群臣，一不得往。國太夫人名韋提希，恭敬大王，澡浴清淨，以酥蜜和麨，用塗其身，諸瓔珞中，盛葡萄槳，密以上王。

爾時，大王食麨飲漿，求水漱口畢已，合掌恭敬向耆闍崛山，遙禮世尊，而作是言：「大目犍連，是吾親友，願興慈悲，授我八戒❶。」

時，目犍連如鷹隼飛，疾至王所，日日如是，授王八戒。世尊亦遣尊者富樓那，爲王說法。如是時間，經三七日，王食麨蜜，得聞法故，顏色和悅。

時，阿闍世問守門者：「父王今者猶存在邪？」時守門人白言：「大王，國太夫人身塗麨蜜，瓔珞❷盛漿，持用上王。沙門目連及富樓那，從空而來，爲王說法，不可禁制。」

時，阿闍世聞此語已，怒其母曰：「我母是賊，與賊爲伴。沙門惡人，幻惑呪術，令此惡王多日不死。」即執利劍，欲害其母。

時，有一臣名曰月光，聰明多智，及與耆婆，爲王作禮，白言：「大王，臣聞《毘陁論經》說，劫初❸已來，有諸惡王，貪國位故，殺害其父，一萬八千。未曾聞有無道害母，王今爲此殺逆之事，汙刹利種，臣不忍聞。是旃陀羅❹，我等不宜復住於此。」時二大臣，說此語竟，以手按劍，卻行而退。

時，阿闍世驚怖惶懼，告耆婆言：「汝不爲我邪？」耆婆白言：「大王，愼莫害母。」王聞此語，懺悔求救，即便捨劍，止不害母，敕語內官，閉置深宮，不令復出。

注釋

❶**八戒**：又作八關齋戒。乃佛陀爲在家弟子所制定暫時出家的學處。受者須一日一夜離開家庭，赴僧團居住，以學習出家人之生活。此齋戒法，即：㈠不殺生。㈡不偷盜。㈢不淫。㈣不妄語。㈤不飲酒。㈥不以華鬘裝飾自身，不歌舞觀聽。㈦不坐臥高廣華麗牀座。㈧不非時食。

❷**瓔珞**：也作纓絡，是由珠玉或花等編綴成的飾物，可以掛在頭、頸、胸或手脚等部位。在印度，一般王公貴人都佩戴它。另外，據諸經典記載，在淨土或北俱盧洲，都可以看見樹上垂有瓔珞。《法華經．普門品》載：「解頸衆寶珠瓔珞，價值百千兩金，而以與之。」

❸**劫初**：是指成劫之初，即欲界有情世界成立之初。劫初時，人皆如色界，肢體圓滿，諸根具足無缺，形色端嚴，身帶光明，能騰空自在，飲食享樂，得長壽久住。至

地味漸生，其味甘美，諸人競食，稱初受段食。其後，身漸堅重，光明隱沒，乃生日月衆星，次有地餅、林藤出現。復生男女根，形相殊異，以宿習力而生非理作意，人中欲鬼即初發於此時。

❹**旃陀羅**：意譯為嚴熾、暴厲、執惡、險惡人、執暴惡人、主殺人、治狗人等。印度社會階級種姓制度中，旃陀羅居於首陀羅階級的下位，是最下級的種族，專事獄卒、販賣、屠宰、漁獵等職。根據《摩奴法典》所載，旃陀羅是指以首陀羅為父、婆羅門為母的混血種。

譯文

這時，韋提希被幽禁後，整天憂愁苦悶，憔悴不堪。她面向耆闍崛山方向，遠遠地向佛禮敬祈禱，並這樣說道：「佛陀啊！在過去的那些日子裏，你常常派遣阿難等人來慰問我，我如今憂愁重重，佛陀你神通廣大，我無法見到你，但願你能派目犍連和阿難尊者等前來與我相見。」韋提希說罷，淚如雨下，悲痛萬分，繼續向佛禮敬遙拜。不一會兒，佛陀在耆闍崛山上，感知到韋提希的心念，就派大目犍連和阿難一起從空而降。佛陀自己也從耆闍崛山上消失，出現於王宮。當時，韋提希禮敬祈禱完畢，剛一抬頭，猛然看到釋迦牟尼佛全身發放著紫金色的光明，坐在百寶蓮花中，出現在韋提希的眼前。大目犍連侍護在佛的左側，阿難侍候在佛的右側，帝釋、梵王、護世等守護神，出現在虛空中，天花紛飛，以供養佛陀及諸位尊者。

韋提希一見佛陀，就摘掉身上的瓔珞等飾物，五體投地，號哭著對佛訴說：「世尊啊！我前世有什麼罪孽，生下了這樣凶惡的兒子；世尊又有怎麼樣的因緣，提婆達多與你結成眷屬。只盼世尊能爲我廣泛宣說排除憂愁煩惱的佛法，好讓我往生他國淨土，脫離這人間穢土。這個五濁惡世，充滿了地獄、餓鬼、畜生，聚積了罪孽和惡行。但願我的未來世界裏，聽不到惡聲，碰不到惡人。如今我向你五體投地，懺悔祈求，只願你能示我教化，讓我天天觀見到清淨樂土。」

那時，釋迦牟尼佛的眉宇間放著金色的光明，光明照遍十方無數佛土。佛光盤旋在佛的頭頂上化爲金臺，就像須彌山一般。於是，十方諸佛及無數清淨妙土都在金臺中顯現。有的佛土，由七寶和合而成，有的佛土，遍地是一片蓮花；有的佛土，像自在無礙的天宮；又有的佛土，如玻璃鏡一般的清淨。無數個佛國淨土的莊嚴氣象，都清晰可見，令韋提希目不暇接。韋提希又對佛說道：「世尊，我看到的這些佛土，雖然全都清淨莊嚴，充滿光明，但我樂於往生阿彌陀佛的極樂世界，希望你能教我觀想正受。」

那時，釋迦牟尼佛聽韋提希說完，馬上就面帶微笑，嘴裏發出五色光明，全都照射到頻婆娑羅王的頭頂上。這時的頻婆娑羅王，雖然身被幽禁，卻心眼自由無礙，能看到遠處的世尊，於是禮敬拜佛，功德自然而然地增進，證得了阿那含果。

原典

時，韋提希被幽閉已，愁憂憔悴，遙向耆闍崛山，爲佛作禮，而作是言：「如來世尊，在昔之時，恆遣阿難來慰問我，我今愁憂，世尊威重，無由得見，願遣目連、尊者阿難，與我相見。」作是語已，悲泣雨淚，遙向佛禮。未舉頭頃，爾時，世尊在耆闍崛山，知韋提希心之所念，即敕大目犍連及以阿難，從空而來，佛從耆闍崛山沒，於王宮出。時，韋提希禮已舉頭，見世尊釋迦牟尼佛，身紫金色，坐百寶蓮華。目連侍左，阿難侍右，釋梵❶、護世❷、諸天，在虛空中，普雨天華，持用供養。

時，韋提希見佛世尊，自絕瓔珞，舉身投地，號泣向佛白言：「世尊，我宿何罪，生此惡子；世尊復有何等因緣，與提婆達多❸共爲眷屬❹。唯願世尊，爲我廣說無憂惱處，我當往生，不樂閻浮提濁惡世也。此濁惡世界，地獄、餓鬼、畜生盈滿，多不善聚。願我未來，不聞惡聲，不見惡人。今向世尊五體投地，求哀懺悔，唯願佛日教我觀於清淨業處❺。」

爾時，世尊放眉間光，其光金色，遍照十方無量世界。還住佛頂，化爲金臺，如須彌山。十方諸佛、淨妙國土，皆於中現。或有國土，七寶合成；復有國土，純是蓮華；復有國土，如自在天宮；復有國土，如玻璃鏡。十方國土，皆於中現，有如是等無量諸佛國土，嚴顯可觀，令韋提希見。時韋提希白佛言：「世尊，是諸佛土，雖復清淨，皆有光明，我今樂生極樂世界阿彌陀佛所，唯願世尊教我思惟❻，教我正受❼。」

爾時，世尊即便微笑，有五色光從佛口出，一一光照頻婆娑羅王頂。爾時，大王雖在幽閉，心眼無障，遙見世尊，頭面作禮，自然增進，成阿那含。

注釋

❶**釋梵**：指帝釋與梵王。這兩位天王歸依釋迦牟尼佛，是佛教經論中常見的守護神。

❷**護世**：即護世四天王，這四天王是持國（東方）、增長（南方）、廣目（西方）、多聞（北方）四天王。這四天王居住在須彌山四方的半腹，常守護佛法，護持四天下，使諸惡鬼神不得侵害衆生，所以稱之爲護世。

❸**提婆達多**：是斛飯王之子，阿難之兄，佛的從弟。四月七日食時生，身長一丈五尺四寸。出家學神通，身具三十相，誦六萬法藏，爲利養造三逆罪，生墮地獄，但其本地爲深位菩薩，於法華受天王如來的記莂。

❹**眷屬**：眷是親愛的意思，屬是隸屬的意思，眷屬即指親近、順從者。佛陀有大眷屬與内眷屬；内眷屬指其出家以前車匿、瞿毘耶等人，以及苦行時的五人給侍、得道時的阿難等；大眷屬則指舍利弗、目犍連等諸聖，及彌勒、文殊師利等諸菩薩。唐代善導在《觀無量壽經疏》（即《觀經四帖疏》）中，將佛陀的眷屬分爲在家、出家二種，佛陀有伯、叔四人爲在家者稱爲外眷屬，佛弟子爲出家者稱爲内眷屬。

如果廣義言之，則凡是聞道受教者均是佛的眷屬。

❺**清淨業處**：這裏指的是以清淨業所感得之處所（淨土）的意思，可以看作是淨土的異名。

❻**思惟**：是思考推度的意思。思考眞實的道理，稱爲正思惟，是八正道之一；反之，則稱邪思惟（不正思惟），是八邪之一。

❼**正受**：指遠離邪想而領受正所緣之境的狀態，也即入定時，以定之力使身、心領受平等安和之相。又定心而離邪亂稱爲「正」，無念無想而納法在心稱爲「受」，猶如明鏡之無心現物。隋代慧遠的《觀無量壽經義疏》卷末及智顗的《觀無量壽佛經疏》卷下等，就「教我思惟、教我正受」之語有所論述，認爲散善之三福業爲思惟，定善之十六觀爲正受。

譯文

那時，釋迦牟尼佛對韋提希說：「你可知道？阿彌陀佛其實離我們並不遠，你應當繫念一境，用心觀想極樂淨土的淨業所成，就能實現你的願望。我在此爲你方便設喻宣說佛法，也是為來世的一切凡夫中，那些想要修行清淨業的人，能夠往生西方極樂世界。要往生西方極樂淨土，應當修行三種福業：第一是孝敬贍養父母、侍奉聽從師長，慈悲為懷，不事殺戮，修持十善；第二是信受奉持三歸依，遵行佛門諸戒，不違犯律儀；第三是發成就菩提正覺的心願，深信因果律，讀誦大乘經典，勸說策進佛門之修行者。以上三福就叫淨業。」佛接著又對韋提希說：「你可知道，這三種福業，是過去、未來、現在三世諸佛成就淨業的根據啊！」

佛繼續對阿難及韋提希說：「請你們仔細聽著並好好思惟，我今天為來世一切眾生中的那些被煩惱所困擾的人，宣說佛門清淨業。韋提希提出上面的要求，是件大好事。阿難，你應當信受奉持並大力宣傳我所說的話。我今天教韋提希和未來世所有眾生觀想西方極樂世界，用我的佛力，他們就能像手持明鏡照見自己臉面和身形一樣，看到西方清淨佛國裏的種種極樂景觀，繼而身心愉悅，很快能達到頓契於佛法眞理而安住的離相境界。」佛又對韋提希說：「你是凡夫，心力狹窄，憶念微弱，又沒有天眼神通，不能洞見到很遠的地方。於是諸佛如來，就使用種種方便，讓你能夠看到極樂世界。」

這時，韋提希就對佛說：「我今天有幸憑藉佛的神力，看到了極樂淨土。如果佛寂滅以後，那些在這五濁惡世中深受五苦纏繞的芸芸衆生，怎麼能看到阿彌陀佛的極樂世界呢？」

原典

爾時，世尊告韋提希：「汝今知不？阿彌陀佛去此不遠，汝當繫念❶，諦觀彼國，淨業❷成者。我今爲汝廣說衆譬，亦令未來世一切凡夫，欲修淨業者，得生西方極樂國土。欲生彼國者，當修三福：一者孝養父母，奉事師長，慈心不殺，修十善業；二者受持三歸❸，具足衆戒，不犯威儀；三者發菩提心，深信因果❹，讀誦大乘，勸進行者❺。如此三事，名爲淨業。」佛告韋提希：「汝今知不？此三種業，乃是過去、未來、現在三世諸佛淨業正因。」

佛告阿難及韋提希：「諦聽諦聽，善思念之，如來今者爲未來世一切衆生，爲煩惱賊之所害者，說淸淨業。善哉韋提希，快問此事。阿難，汝當受持，廣爲多衆宣說佛語。如來今者，教韋提希及未來世一切衆生，觀於西方極樂世界，以佛力故，當得見彼清淨國土，如執明鏡，自見面像，見彼國土極妙樂事，心歡喜故，應時即得無生法忍❻。」佛告韋提希：「汝是凡夫，心想羸劣，未得天眼，不能遠觀。諸佛如來，有異方便，令汝得見。」

時，韋提希白佛言：「世尊，如我今者，以佛力故，見彼國土。若佛滅後，諸衆生等，濁惡不善，五苦所逼，云何得見阿彌陀佛極樂世界？」

注釋

❶**繫念**：指心念繫於一處而不思其他東西。

❷**淨業**：指清淨的行業，即世福、戒福、行福的三種福業，這三福業也就是以下經文所要提的孝養父母、受持三歸、發菩提心等，這三福業是衆生往生淨土的正因，也是菩薩淨佛國土的無漏修因。

歷史上，對本經文中「諦觀彼國淨業成者」一語，各家解說不同：㈠據隋代慧遠的《觀無量壽經義疏》載，彼國是指彼土的依報，淨業成者是指彼國佛菩薩及往生人等的正報。㈡宋代元照的《觀無量壽經義疏》中，以彼土的依、正二報，總爲淨業所成。㈢善導的《觀經序分義》，主張衆生根機有定、散二種，如來方便開顯三福，以應散動的根機；而「欲生彼國」旨在揭示「所歸」的意義，「當修三福」則特爲揭示「行門」的意義。

❸**三歸**：即三歸依。歸依含有救護、趣向、請求救護，以求解脫一切苦的意思。三歸就是歸依佛、歸依法、歸依僧，這成爲佛教徒所必經的儀式。三歸可分爲兩種，一是翻邪三歸，即翻邪道而入正道時，所受的三歸；二是受戒三歸，有五戒三歸、八戒三歸、十戒三歸、具足戒三歸等四種。如果提到五種三歸時，則是指四種三歸加上翻邪三歸。關於歸依三寶的旨趣，《俱舍論》卷十四說，歸依三寶能永遠解脫一切苦厄。

❹**因果**：指原因與結果，也就是因果律。因果律是佛教教義體系中，用來說明世界一切關係的基本理論。佛教認爲，一切諸法的形成，「因」是能生，「果」是所生，也就是說，能引生結果者爲因，由因而生者爲果。就時間的因果關係而言，因在前，果在後，稱爲因果異時；就空間而言，因果相倚相依，存在著廣義的因果關係，稱爲因果同時。因果律是佛教重要的基本教理，在諸經典中常對此理加以闡釋說明

，並以善惡的因果報應如影隨形而相續不絕，來勸導人修行佛道，超脫有漏的境界，達到無漏的寂靜地。

❺**行者**：是指觀行者，或者泛指一般佛道的修行者，又稱行人、修行人。一般修淨土念佛法門的人，稱「念佛行者」。

❻**無生法忍**：謂觀諸法無生無滅之理，而能安住且不動心。

譯文

佛告訴韋提希說：「你和其他衆生，應當專心一境、繫念一處，對西方進行觀想。怎麼進行觀想呢？凡是做觀想的一切衆生，只要不是盲人，凡是有眼睛的人全都見到過日落情景，因此，觀想時，要求向西端坐，眞切地觀想那太陽即將降落的地方，令心堅固，專注不移，繼而觀想看見太陽要落山時，其形狀像鼓一樣懸在天空。觀想太陽以後，能做到睜眼閉眼間，都清晰光明，這就完成了日想觀，這也叫初觀。

「其次是將前面第一觀觀想出來的落日，叫它變成水。也就是憶想淨水清澄，沒有半點渾濁之象，觀想得清清楚楚，明明了了；專心繫念，此心不散。水觀想以後，再作冰想，觀想水結成冰時晶瑩剔透的樣子。繼而再作琉璃寶色觀想，琉璃寶觀想完成後，再進一步觀想見琉璃地，觀想見到琉璃地內外透徹，下面有金剛七寶和合而成的金柱子支撐著琉璃地，柱子的八方有八個邊角，每個邊角，都是百寶和合而成的，上面鑲嵌的顆顆寶珠，發放出千道光明。每一道光明，又有八萬四千種色彩，在琉璃地上交相輝映，就像千百億個太陽，也不及這般萬種光輝。琉璃地上，黃金爲繩，縱橫交錯，七寶劃界，整齊分明。每一個寶物，有五百種光色，光色如鮮花一樣爛漫，又似星星月亮一般高懸在虛空，構合成光明臺和千萬個樓閣房宇，這些亭臺樓閣也由百寶合成。再觀光明臺的兩邊，有數不盡的花幢旛，有無數個樂器，使光明臺更爲莊嚴。與此同時，八種清風，從光明臺徐徐吹出，鼓動起各種樂器，樂聲裊繞，演說著苦、空、無常、無我等佛法大意。這就是冰想，也就是第二觀。

「第二觀想完成後，再仔細理會，直到要觀想的景物窮盡了然。要做到睜眼閉眼間，除去吃飯時間，全部憶念觀想的內容，力求沒有一點散失，這樣的觀想叫做粗見極樂世界的地相。如果修行，獲得正定的極妙境界，十分清楚明了地觀想見到那極樂世界，說也說不完，這就是作地想，也叫第三觀。」

佛繼續對阿難說：「你應當奉持我所說的這些話，為後世的所有想擺脫苦難的人，宣說這個觀地法門。如果人們修行地觀，必能消除八十億劫的生死之罪，來世一定能夠往生極樂淨土，內心必得相信而沒有疑惑。進行這樣觀想才是正觀，如果進行其他的觀想則是邪觀。」

原典

佛告韋提希：「汝及衆生，應當專心，繫念一處，想於西方。云何作想？凡作想者，一切衆生，自非生盲，有目之徒，皆見日沒，當起想念，正坐西向，諦觀於日欲沒之處，令心堅住，專想不移，見日欲沒，狀如懸鼓。既見日已，閉目開目，皆令明了，是爲日想，名曰初觀。

「次作水想。見水澄清，亦令明了，無分散意。既見水已，當起冰想，見冰映徹。作琉璃想，此想成已，見琉璃地，內外映徹，下有金剛七寶金幢擎琉璃地，其幢八方，八楞具足，一一方面，百寶所成，一一寶珠，有千光明。一一光明，八萬四千色，映琉璃地，如億千日，不可具見。琉璃地上，以黃金繩，雜廁間錯，以七寶界，分齊分明。一一寶中，有五百色光，其光如華，又似星月，懸處虛空，成光明臺，樓閣千萬，百寶合成。於臺兩邊，各有百億華幢，無量樂器，以爲莊嚴。八種淸風，從光明出，鼓此樂器，演說苦、空、無常、無我之意。是爲冰想，名第二觀。

「此想成時，一一觀之，極令了了。閉目開目，不令散失，唯除食時，恆憶此事。如此想者，名爲粗見極樂國地。若得三昧❶，見彼國地，了了分明，不可具說，是爲地想，名第三觀。」

佛告阿難：「汝持佛語，爲未來世一切大衆欲脫苦者，說是觀地法。若觀是地者，除八十億劫生死之罪，捨身他世，必生淨國，心得無疑。作是觀者，名爲正觀，若他觀者，名爲邪觀。」

注釋

❶**三昧**：指將心定於一處（或一境）的一種安定狀態。一般修行大都止心一處，不令散亂，而保持安靜，這就是三昧的狀態。達三昧狀態時，即起正智慧而開悟眞理，所以稱此三昧修行而達到佛之聖境者爲三昧發得或發定。另外，一般俗語中形容妙

處、極致、蘊奧、訣竅等時，常以「三昧」稱之，這是套用佛教用語而發生的轉意，與原義迥然不同。

譯文

佛又告訴阿難和韋提希：「地觀想完成後，再觀想寶樹。你們需一一展開以下的觀想，先是觀想七重寶樹，一行行生長排列在極樂淨土上，每棵樹都高達八千由旬。棵棵大樹，長滿七寶，和合而成的花葉，一花一葉都顯得光彩紛呈、寶色各異。琉璃色花葉中泛出金色光明，玻璃色的現出紅色光明，瑪瑙色的現出硨磲的光明，硨磲色的現綠眞珠的光明。樹上，珊瑚琥珀，無數珍寶，互相映襯，眞珠寶網，也覆蓋在樹上。每棵樹上，有七重寶網，每個寶網間，又有五百億美妙的花，有梵王宮一般的宮殿，隨侍諸天的童子自然出現在那裏。每個童子身上，都有五百億個釋迦毘楞伽摩尼寶珠，像瓔珞一樣做爲飾物，寶珠發出的光明也能照射一百由旬遠，恰如百億個日月，光明和合照射十方，說都說不出有多大的光明。衆寶相間，光色交錯，是光色之中最上者。這些寶樹，行行相對，葉葉相序，繁枝茂葉間，開滿各種美妙的花，結滿七寶碩果。每片樹葉，長寬有二十五由旬，其樹葉顏色千種之多，樹葉上脈絡美麗如畫，又如天人掛的瓔珞。寶樹上開滿無數美妙的花兒，花兒呈現閻浮檀金色光，像旋火輪一般，在葉間千變萬化，冒現出好多妙果，像帝釋天所用的寶瓶一樣，並光明四射，變化成無數旗幡和寶蓋。三千大千世界及一切佛事、十方佛國，全都映現在無數寶蓋中。觀想完寶樹後，再一一觀想寶樹的軀幹，和花果枝葉，做到淸淸楚楚，明明白白。這就是進行寶樹觀想，稱之爲第四觀。

「寶樹觀想以後，再作水觀想。觀想水時，就觀想極樂淨土中，共有八個蓮花池，每一處的池水都由七寶和合而成。那七寶水非常柔軟精細，是從如意珠王生出來的，而且分爲十四支流，每一支流又具有七寶妙色。池水流淌的渠道由黃金砌成，渠底全是金剛沙作爲沙底。每一處池水都盛開著六十億朶七寶蓮花，每一朶蓮花，直徑都有十二由旬。蓮花間的摩尼水在花上來回滾動，又不斷地攀援、滲透到寶樹間；那微妙的聲音，好像在演布宣說苦、空、無常、無我等佛法，也彷佛在讚歎稱頌諸佛的光輝形貌。那些如意珠王，放出美妙的金色光明，光明化成各種羽翼繽紛的鳥兒，婉轉鳴啁，抑揚頓挫，不停地讚說著念佛、念法、念僧的妙處，以上就是作八功德水觀想，也叫第五觀。

「第五觀之後，再觀想諸多的佛國寶地，每一個地方都有五百億寶樓，樓閣之中又有無數天界，天樂聲聲美妙悠揚，並有各種樂器懸掛在虛空中，像天國的寶幢一樣不敲自鳴，各種音樂聲，都宣說著念佛、念法、念僧的道理。作這種觀想完成以後，就可以稱爲粗見到極樂世界，那些觀想的寶樹、寶地、寶池、寶樓融爲一體，稱爲總觀想，也叫第六觀。如果有人能觀想這些，就能去除無數億劫的生死之罪，命終之後，一定會往生極樂淨土。進行這樣的觀想，才是正觀，否則就是邪觀。」

原典

佛告阿難及韋提希：「地想成已，次觀寶樹。觀寶樹者，一一觀之，作七重行樹想，一一樹高八千由旬。其諸寶樹，七寶華葉，無不具足，一一華葉，作異寶色。琉璃色中，出金色光，玻璃色中，出紅色光，瑪瑙色中，出硨磲光，硨磲色中，出綠眞珠光。珊瑚琥珀，一切衆寶，以爲映飾，妙眞珠網，彌覆樹上。一一樹上，有七重網，一一網間，有五百億妙華，宮殿如梵王宮，諸天童子，自然在中。一一童子，五百億釋迦毘楞伽摩尼❶，以爲瓔珞，其摩尼光照百由旬，猶如和合百億日月，不可具名，衆寶間錯，色中上者。此諸寶樹，行行相當，葉葉相次，於衆葉間，生諸妙華，華上自然有七寶果。一一樹葉，縱廣正等二十五由旬，其葉千色，有百種畫，如天瓔珞。有衆妙華，作閻浮檀金❷色，如旋火輪，宛轉葉間，湧生諸果如帝釋瓶❸，有大光明，化成幢幡無量寶蓋。是寶蓋中，映現三千大千世界、一切佛事、十方佛國，亦於中現。見此樹已，亦當次第一一觀之，觀見樹莖、枝葉、華果，皆令分明。是爲樹想，名第四觀。

「次當想水。欲想水者，極樂國土，有八池水❹，一一池水，七寶所成。其寶柔軟，從如意珠王生，分爲十四支，一一支作七寶妙色。黃金爲渠，渠下皆有雜色金剛，以爲底沙。一一水中，有六十億七寶蓮華，一一蓮華，團圓正等十二由旬。其摩尼水流注華間，尋樹上下，其聲微妙，演說苦、空、無常、無我諸波羅蜜，復有讚歎諸佛相好❺者。如意珠王，湧出金色微妙光明，其光化爲百寶色鳥，和鳴哀雅，常讚念佛、念法、念僧，是爲八功德水想，名第五觀。

「衆寶國土，一一界❻上，有五百億寶樓，其樓閣中有無量諸天，作天伎樂❼，又有樂器懸處虛空，如天寶幢不鼓自鳴，此衆音中，皆說念佛、念法、念比丘僧。此想成已，名爲粗見極樂世界，寶樹、寶地、寶池、寶樓，是爲總觀想，名第六觀。若見此者，除無量億劫極重惡業，命終之後，必生彼國。作是觀者，名爲正觀，若他觀者，名爲邪觀。」

注釋

❶**釋迦毘楞伽摩尼**：即釋迦毘楞伽摩尼寶，一般意譯爲帝釋持，意思是帝釋天之所有，又譯作能勝、離垢等。摩尼是寶珠的總稱，即帝釋天的頸飾，常能放光，經典中亦以之爲釋尊、觀世音、彌勒等佛菩薩的莊嚴具。《大法炬陀羅尼經》卷五〈忍較量品〉中說，須彌山頂有威花、釋迦毘楞伽、寶精三寶，其中毘楞伽寶是純眞金色，爲善根所生，自然雕瑩，能出過須彌山頂的忉利天處、夜摩天處、兜率天處，住於梵宮；菩薩從閻浮提生兜率天，以善根力，此寶即自然生於篋中，所有魔事自然而然地消除。

❷**閻浮檀金**：閻浮即閻浮樹，落葉喬木，原產於印度，四、五月間開花，結深紫色果

實，稍帶酸味，種子可作藥用。據說流於此樹林間的諸多河多含沙金，所以稱爲閻浮檀金。

❸**帝釋瓶**：又叫賢瓶、德瓶、天瓶、吉祥瓶。即帝釋天所用的寶瓶，此瓶可隨心所欲，變現各種東西。

❹**八池水**：指有八個蓮花池，而池水具有八種功德。這八種功德是指：澄淨、清冷、甘美、輕軟、潤澤、安和、除饑渴、長養諸根等。

❺**相好**：相，是指佛肉身所具足特殊容貌中的顯而易見者，可分三十二相；好，是佛肉身形貌的微細難見者，共有八十種好。兩者並稱，就是相好。佛於過去世百大劫間，曾修相好業，故於此生成就相好。

❻**界**：是梵語的意譯，含有層、根基、要素、基礎、種族諸義。界一般作爲各種分類範疇的稱呼，如：眼、耳、鼻、舌、身、意六根，對色、聲、香、味、觸、法等六境，而產生眼識、耳識、鼻識、舌識、身識、意識等六識，合稱十八界，又如地、水、火、風、空、識稱爲六界。此外，欲界、色界、無色界稱爲三界，此「界」有接近於「境界」的意思。

❼伎樂：是音樂的意思。在淨土、法華諸經中，強調以香花、伎樂作為供養，這就禁止以娛樂為目的之伎樂，而承認以供養為目的之伎樂。

譯文

佛繼續對阿難和韋提希說：「你們認真聽聽，好好思量，我正在為你們分析解說去除煩惱的方法，你們必須憶念奉持，為廣大眾生分別解說，弘揚佛法。」佛正說著時，阿難和韋提希只見無量壽佛住立在空中，觀世音菩薩和大勢至菩薩一左一右侍立在無量壽佛身旁。他們身上金光燦燦，光明四射，令人眩目，千百種閻浮檀金色也因此而遜色。韋提希看見無量壽佛後，就行接足禮，對佛說：「世尊，今天靠你的神力，我能看到了無量壽佛以及觀世音、大勢至兩位菩薩。但是，未來的芸芸眾生，他們如何能夠觀見無量壽佛以及兩位菩薩呢？」

佛就對韋提希說：「想要見到無量壽佛，必須進行觀想憶念。在七寶和合的池上，作蓮花觀想，觀想那片片蓮葉上，有百寶和合的光色，八萬四千根葉脈像天畫一般，葉脈上八萬四千道光明清晰分明，皆可看見。那花葉，小的直徑也有二百五十由旬，這樣的蓮花，有八萬四千片葉子，片片蓮葉間，百億顆摩尼珠王相互映襯。每顆摩尼珠都光明四射，像七寶和合的寶蓋，照遍大地。釋迦毘楞伽寶形成蓮花臺，八萬顆赤色的金剛寶珠形成眞珠網，裝飾著蓮花臺。蓮花臺上，有四根寶幢，每個寶幢，就像百千萬億的須彌山，幢上的寶幔，就像光明赫奕的夜摩天宮一般，又有五百億顆精細微妙的寶珠交相映飾。顆顆寶珠，放出八萬四千道光明，每一道光明都含有八萬四千種金色。種種金光閃爍遍照在各種寶物上，呈現出千變萬化的姿態，在方方面面隨意變現，或者成爲金剛臺，或者成爲眞珠網，或者成爲雜花雲，一起進行著佛事。以上就是作花座觀想，也叫第七觀。」

佛又對阿難說：「這樣的妙花，本來是憑法藏比丘的願力而成。如果要憶念無量壽佛，就應當進行花座觀想，從事花座想時，不能心有雜念，應當心繫一境，步步展開。每片葉子，每顆寶珠，每道光明，每一座蓮花臺，每根寶幢，都應觀想得淸楚明晰，像在鏡子面前照見形貌一般。如果能完成這種觀想，那麼就能滅除五萬億劫的生死之罪，一定能夠往生到極樂世界。進行這樣的觀想才是正觀，否則就是邪觀。」

原典

佛告阿難及韋提希：「諦聽諦聽，善思念之，吾當爲汝分別❶解說除苦惱法，汝等憶持，廣爲大衆分別解說。」說是語時，無量壽佛住立空中，觀世音、大勢至是二大士，侍立左右。光明熾盛，不可具見，百千閻浮檀金色不得爲比。時韋提希見無量壽佛已，接足作禮，白佛言：「世尊，我今因佛力故，得見無量壽佛及二菩薩。未來衆生，當云何觀無量壽佛及二菩薩？」

佛告韋提希：「欲觀彼佛者，當起想念。於七寶池上，作蓮華想，令其蓮華，一一葉上，作百寶色，有八萬四千脈，猶如天畫，脈有八萬四千光，了了分明，皆令得見。華葉小者，縱廣二百五十由旬，如是蓮華，具有八萬四千葉，一一葉間，有百億摩尼珠王以爲映飾。一一摩尼珠，放千光明，其光如蓋，七寶合成，遍覆地上。釋迦毘楞伽寶，以爲其臺，此蓮華臺，八萬金剛甄叔迦寶❷梵摩尼寶妙眞珠網，以爲校飾。於其臺上，自然而有四柱寶幢，一一寶幢，如百千萬億須彌山，幢上寶幔，如夜摩天❸宮，復有五百億微妙寶珠，以爲映飾。一一寶珠，有八萬四千光。一一光，作八萬四千異種金色。一一金色遍其寶上，處處變化，各作異相，或為金剛臺，或作眞珠網，或作雜華雲，於十方面，隨意變現，施作佛事。是為華座想，名第七觀。」

佛告阿難：「如此妙華，本是法藏比丘願力所成。若欲念彼佛者，當先作此華座想，作此想時，不得雜觀，皆應一一觀之。一一葉，一一珠，一一光，一一臺，一一幢，皆令分明，如於鏡中，自見面像。此想成者，滅除五萬億劫生死之罪，必定當生極樂世界。作是觀者，名為正觀，若他觀者，名為邪觀。」

注釋

❶**分別**：此處當分析、區分、類別的意思講，也就是欲分類、分析教法，而由種種立場研究考察的意思。

❷**甄叔迦寶**：即赤色寶，是寶石之一，因為這赤色寶石與甄叔迦樹的花相似而美，又是赤色，所以有此名。窺基的《彌勒上生經疏》中說：「甄叔迦者，狀似赤琉璃寶珠。」琉璃的顏色有多種，以紅色最殊勝。

❸**夜摩天**：夜摩，梵名意譯為善時分、善時、善分、妙善、妙時分、妙唱、唱樂等。

夜摩天是欲界六天的第三天，又叫焰摩天、須炎天、離諍天等。此天界光明赫奕，無晝夜之分，居於其中，時時刻刻受不可思議的歡樂。信仰夜摩天王，始於印度吠陀時代以後，此天界因充滿歡樂光明世界，為印度民族所憧憬，也成為亡者所欲往生之處。其後夜摩天逐漸演變為人死後的審判官，而成為鬼趣、地獄之主，即所謂的閻魔王，並相信其天界在天空的上層，但該信仰被引入佛教之後，乃置其位於六欲天的第三天。

譯文

佛繼續告訴阿難和韋提希：「觀想花座完畢後，應當觀想佛陀。為什麼這樣說呢？諸佛如來就是法性身，入於一切衆生的心想中，所以衆生心念想佛時，此心就是佛的三十二種殊勝容貌和八十種微妙形相。此心作佛，此心便是佛，諸佛的正等正覺都是從心想而生。所以，應當集中心念，仔細觀想無上正遍知一切法的佛陀。觀想佛時，首先應當觀想佛像，睜眼閉眼間，都要觀想一座寶像，全身發著閻浮檀金色般的光明，端坐在蓮花寶座上。觀想佛像後，心眼開通，清晰分明，洞見深遠，能看到那七寶莊嚴的極樂淨土，寶地寶池處處，寶樹行行，各種寶幔覆蓋在上面，各種寶網也張滿在虛空中。在如同觀於手掌上一般清楚明了地觀想以上情形之後，再觀想一個大蓮花，盛開在佛的左邊，與前面的蓮花一模一樣，再觀想一個大蓮華盛開在佛的右邊。然後觀想觀世音菩薩的身像端坐在佛左邊的蓮花座上，全身金光燦爛，同樣，也觀想大勢至菩薩的身像端坐在佛右邊的蓮花座上。以上觀想完成時，再觀想佛以及菩薩的身像，全都光明四射，金色的光明，照在諸寶樹上，棵棵寶樹下，盛開著三朵蓮花，每朵蓮花上，各有一尊佛及二尊菩薩的身像，遍地如此。完成以上觀想後，修行者應當聞見到流水潺潺，波光粼粼，寶樹搖曳，各種鳧鴈鴛鴦一齊演說著佛法。無論是入定狀態，還是恢復平常狀態，都能聽到妙法演布，法音不絕。修行者在出離禪定的時候，對於所聞法音也憶念奉持，使自己的意念永遠和佛法契合，否則就流於妄想，如果能做到契合佛法，那就是粗見到極樂世界。以上是進行佛、菩薩像觀想，叫做第八觀。進行這種像觀的人，能滅除無量億劫的生死之罪，能於現世之身中，修得念佛三昧。」

佛對阿難和韋提希說：「第八觀想完成後，下面就應當進一步觀想無量壽佛的光明身相。阿難，你們應當知道，無量壽佛的佛身猶如千萬億夜摩天一般，佛身有六十萬億那由他恆河沙由旬高，兩眉之間柔軟細澤的白毛宛轉右旋，猶如旋螺，鮮白光淨，大小有五倍的須彌山那樣高廣。無量壽佛的眼量像須彌山四大海的水一樣青白分明，身上的毛孔全都演放出光明，像須彌山一樣，佛頭頂上的圓輪光明，像百億個三千大千世界一般。佛的圓光中，有恆河沙之多的百萬億那由他個化佛。每尊化佛旁，又有衆多的化菩薩侍在左右。無量壽佛有八萬四千種殊勝容貌，每一相中，又有八萬四千種微妙隱密的形相，稱爲隨形好。每個微妙形相，又放出八萬四千道光明，每一光明，都照遍十方世界，攝受護念那些念佛衆生而不捨。佛與衆多化佛的光明利益、殊勝容貌、微妙形相，不可一一具說，只能憶念觀想，使心眼透亮照見佛的光明相好，並能照見十方世界的一切諸佛，從而證得念佛三昧。進行這樣的觀想，就叫觀一切佛身。因爲觀見佛身，所以也觀見佛心。佛心乃是大慈大悲之心，以絕對眞實的慈悲心願攝受護念衆生。進行這樣的觀想者，捨身他世時，能在諸佛前證得諸法無生無滅之理，並達到安心不動。

「所以，智者應當專心繫念，仔細觀想無量壽佛。觀想時，從無量壽佛的一種勝妙形貌開始，先觀無量壽佛的眉間白毫，一旦觀見無量壽佛雙眉間的白毫，就可以進入心眼明亮的境界，從而自然而然地照見佛的八萬四千種殊勝容貌及微妙形相。因此，觀見無量壽佛，就是觀見十方世界無量諸佛。因爲觀見無數諸佛，所以，諸佛將顯現於面前，爲修行此觀者授記。以上就是進行遍觀一切色身相，稱爲第九觀，從事這樣的觀想，就是正觀，否則就是邪觀。」

原典

佛告阿難及韋提希：「見此事已，次當想佛。所以者何？諸佛如來，是法界身❶，入一切衆生心想中，是故汝等心想佛時，是心即是三十二相八十隨形好❷。是心作佛，是心是佛，諸佛正遍知❸海，從心想生。是故應當一心繫念，諦觀彼佛多陀阿伽度阿羅訶三藐三佛陀。想彼佛者，先當想像，閉目開目，見一寶像，如閻浮檀金色，坐彼華上。見像坐已，心眼得開，了了分明，見極樂國，七寶莊嚴，寶地寶池，寶樹行列，諸天寶幔，彌覆其上，衆寶羅網，滿虛空中，見如此事，極令明了，如觀掌中。見此事已，復當更作一大蓮華，在佛左邊，如前蓮華，等無有異，復作一大蓮華，在佛右邊。想一觀世音菩薩像，坐左華座，亦作金色，如前無異，想一大勢至菩薩像，坐右華座。此想成時，佛菩薩像，皆放光明。其光金色，照諸寶樹，一一樹下，亦有三蓮華，諸蓮華上，各有一佛二菩薩像，遍滿彼國。此想成時，行者當聞水流光明，及諸寶樹，鳧鴈鴛鴦，皆說妙法。出定入定❹，恆聞妙法。行者所聞，出定之時，憶持不捨，令與修多羅❺合，若不合者，名為妄想，若與合者，名為粗想見極樂世界。是為像想，名第八觀。作是觀者，除無量億劫生死之罪，於現身中，得念佛三昧❻。」

佛告阿難及韋提希：「此想成已，次當更觀無量壽佛身相光明。阿難當知，無量壽佛身如百千萬億夜摩天閻浮檀金色，佛身高六十萬億那由他恆河沙由旬，眉間白毫❼右旋宛轉，如五須彌山❽。佛眼如四大海❾水，青白分明，身諸毛孔，演出光明，如須彌山，彼佛圓光，如百億三千大千世界。於圓光中，有百萬億那由他恆河沙化佛❿。一一化佛，亦有眾多無數化菩薩以為侍者。無量壽佛有八萬四千相，一一相中，各有八萬四千隨形好。一一好中，復有八萬四千光明，一一光明，遍照十方世界念佛眾生，攝取不捨。其光相好，及與化佛，不可具說，但當憶想，令心眼⓫見，見此事者即見十方一切諸佛，以見諸佛故，名念佛三昧。作是觀者，名觀一切佛身。以觀佛身故，亦見佛心。佛心者大慈悲⓬是，以無緣慈⓭攝諸衆生。作此觀者，捨身他世，生諸佛前得無生忍。

「是故，智者應當繫心，諦觀無量壽佛。觀無量壽佛者，從一相好入，但觀眉間白毫，極令明了，見眉間白毫相者，八萬四千相好，自然當現。見無量壽佛者，即見十方無量諸佛。得見無量諸佛故，諸佛現前授記⓮。是爲遍觀一切色身相，名第九觀，作是觀者，名爲正觀，若他觀者，名爲邪觀。」

注釋

❶**法界身**：指佛的法身。法界，爲所化之境，即衆生界；身，爲能化之身，即諸佛之身。即指化益衆生界的佛身，稱爲法界身。（參見《觀無量壽佛經疏》卷三「定善義」）另一種理解認爲：法界，指衆生之心法；此心能生世間、出世間等一切諸法，所以稱爲法界；又法界能生諸佛相好之身，所以稱佛身爲法界身，也就是法界所生之身。（參見《往生論注》卷上）

❷**八十隨形好**：即佛菩薩之身所具足的八十種好相。

❸**正遍知**：佛的十號之一，意思是眞正遍知一切法。梵語音譯作三藐三佛陀，三藐，是正的意思；三，是遍的意思；佛陀，是知、覺的意思。因此，正遍知也叫正等覺、正等正覺等。

❹**出定入定**：出定，即出於禪定的意思，即由入定狀態恢復平常狀態。入定，是入於禪定之意，即攝馳散之心，入安定不動的精神狀態。

❺**修多羅**：是一切佛法的總稱。

❻**念佛三昧**：指以念佛爲觀想內容的一種禪定，也就是觀念佛德或稱念佛名的三昧。分爲因行、果成二類：㈠因行念佛三昧，指一心觀佛的相好，或一心觀法身的實相，二者皆爲觀想念佛，反之，一心稱念佛名，即爲稱名念佛。㈡果成念佛三昧，指上述三種的因行所成，如心入禪定，或佛身現前。因行念佛三昧爲「修得」，果成念佛三昧爲「發得」。

❼**白毫**：是佛在兩眉之間的柔軟細澤的白毛，引之則長一尋（或是初生時長五尺，成道時長一丈五尺），放之則右旋宛轉，猶如旋螺，鮮白光淨，一似眞珠，如日之正

中，能放光明，稱爲白毫光。衆生若遇其光，可消除業障、身心安樂。

❽**如五須彌山**：此處是指無量壽佛的毫相大小猶如五倍的須彌山那樣高廣。須彌山高三百三十六萬里，縱廣也是如此，而無量壽佛的毫相超過此五倍，所以說「如五須彌山」，並非指五座不同的須彌山。（參見《觀無量壽經義疏》卷末）

❾**四大海**：此處形容無量壽佛眼量之縱廣。四大海，一般指須彌山四周的大海。在古代印度的世界觀中，須彌山位於世界之中間，其周圍有四大海，四大海中各有一大洲，四大海外則爲鐵圍山。另外，四大海也指環繞國土四周之海。

❿**化佛**：此指原無而忽有的佛，即應機宜而忽然出現的佛形。千手觀音四十手中，其左手之一手中所持之佛即爲化佛，所以稱化佛手。

⓫**心眼**：指依禪定之力可透見障外之色，照了諸法。也就是不依肉眼，亦不依天眼，由定力之故，能照見他方佛國諸佛及佛土的莊嚴，或能覺知己身內之種種不淨。

⓬**慈悲**：慈愛衆生並給與快樂（與樂），稱爲慈；同感其苦，憐憫衆生，並拔除其苦（拔苦），稱爲悲；二者合稱爲慈悲。佛陀之悲乃是以衆生苦爲己苦之同心同感狀態，故稱同體大悲。又其悲心廣大無盡，故稱無蓋大悲。

⑬**無緣慈**：即無緣慈悲，是一種絕對的慈悲、眞實的慈悲、最高的慈悲。佛教認爲，慈悲有三種：一是生緣慈悲，又叫有情緣慈、衆生緣慈。即觀一切衆生猶如赤子，而與樂拔苦，此乃凡夫的慈悲。但三乘（聲聞、緣覺、菩薩）最初的慈悲亦屬此種，所以也稱小悲。二是法緣慈悲，指開悟諸法乃無我之眞理所起的慈悲。是無學（阿羅漢）二乘及初地以上菩薩的慈悲，又稱中悲。三是無緣慈悲，爲遠離差別見解，無分別心而起的平等絕對的慈悲，此乃佛獨具的大悲，非凡夫、二乘等所能起，故特稱爲大慈大悲、大慈悲。

⑭**授記**：本指分析教說，或以問答方式解說教理；轉指弟子所證或死後之生處；後專指未來世證果及成佛名號的預言（又作預記）。授記主要指證言未來成佛的意思。最著名的授記，如釋尊於過去世得燃燈佛的授記，又如彌勒曾經受釋尊的授記。大乘經典中，成佛授記的說法更爲普遍。如《無量壽經》記載，法藏比丘經世自在王如來授記，而成阿彌陀佛；《法華經》卷二記載，舍利弗等聲聞之授記；《法華經》卷四記載，惡人提婆達多，與一般視作不可成佛的女人皆獲授記。

譯文

佛對阿難和韋提希說：「清楚明了地觀想完無量壽佛之後，就應當觀想觀世音菩薩。觀想觀世音菩薩，身高八十萬億兆由旬，全身呈現紫金色，頭頂上有肉髻相，頸項上有圓輪光明，而每一個方面，都有百千由旬那麼大。其圓光中，有五百化佛如釋迦牟尼佛，每尊化佛，又化現五百尊菩薩及無數諸天，侍護在身旁。五惡趣中一切衆生的色身相貌，也都顯現在觀世音菩薩的身光中。觀世音菩薩頭頂上有毘楞伽摩尼寶珠，作爲精微殊妙的天冠，天冠當中有一個身高二十五由旬的站立著的化佛。觀世音菩薩臉色如閻浮檀金，兩眉間的毫相具備七寶光色，流放出八萬四千種光明，每一光明都有無量無數百千尊化佛，每尊化佛周圍又有無數尊化菩薩侍立左右，變現自如，遍滿十方世界。觀世音的臂膀像那紅蓮花一般的顏色，放出八十億微妙的光明，組成瓔珞飾物，普遍顯現一切莊嚴佛事。觀世音的手掌中呈現五百億個各種各樣的蓮花光色，手的十個指頭的頂端，每個都呈現八萬四千種像印文一樣的圖畫，每個圖畫有八萬四千種顏色，每種顏色放出八萬四千光明。其光明潔柔和，遍照一切。觀世音菩薩用這雙寶手，來接引衆生往生極樂淨土，他抬脚時，脚下有千輻輪相，自然而然地化現成五百億個光明臺；他落脚時，有金剛摩尼寶花，四處飄散，遍布一切。觀世音其他方面的殊勝容貌，與佛陀一樣，具足一切精妙形相，只是觀世音菩薩頭頂上的肉髻以及無見頂相稍遜於佛陀。這就是觀想觀世音菩薩的眞實色身相，稱作第十觀。」

佛對阿難說：「如果要觀見觀世音菩薩，就要進行這樣的觀想。而進行這樣的觀想，能夠避除災禍，清除業障，滅除無數劫生死之罪。只要聽到觀世音菩薩這個名號，就可以獲得無量福德，更何況眞實無妄地觀想呢？如果有人要觀想觀世音菩薩，就先觀想觀世音頭頂上的肉髻，再觀想他的天冠，再循序漸進地觀想他的其他身相，悉令清楚明了，就像見自己手掌般清楚明了。進行這樣的觀想，就是正觀，否則就是邪觀。

「第十觀之後，接著再觀想大勢至菩薩，大勢至的身量大小跟觀世音差不多。他頂上的圓光每一方面有二十五由旬寬廣，能照射二百五十由旬長。大勢至菩薩的全身紫金色的光明，照遍十方國土，衆生如果有緣，都能觀見。只要觀見大勢至菩薩一個毛孔發出的光明，就可觀見十方世界無數諸佛的無限清淨絕妙的光明，所以也稱大勢至爲無邊光菩薩。因其智慧光明普照一切世界，能使衆生脫離三惡道之苦，獲得無上法力，所以就稱此菩薩爲大勢至。大勢至菩薩頭上的天冠，有五百個寶花，每個寶花，有五百個寶臺，每個寶臺都顯現十方世界諸佛及清淨美妙的佛土的寬闊形相。大勢至菩薩頭頂上的肉髻，就像紅蓮花一般，肉髻上面有一個寶瓶，裝盛著無限光明，顯現一切佛事。其他方面的殊勝形貌，與觀世音菩薩差不多。大勢至菩薩行走時，十方世界全都被震動，大地被震動的地方，盛開五百億個寶花。每個寶花，高高地顯現莊嚴美妙的形相，就像極樂世界一般。大勢至菩薩坐下時，七寶和合成的國土也爲之一搖，從下方世界金光佛土，乃至上方世界光明王佛土的無數微塵，都於七寶國土上分身爲無量壽佛以及觀世音、大勢至菩薩。他們全都雲集在極樂淨土，充滿在虛空中，端坐在蓮花座上，爲度脫衆生而演說著佛法。進行這樣的觀想，就是觀想大勢至菩薩，也就是觀大勢至菩薩的色身相。作這樣的觀想稱爲第十一觀。進行這樣的觀想能滅除無數劫生死之罪，能不處於胞胎中，常遊於清淨美妙的諸佛國土。這一觀想完成後，稱作全部觀想觀世音大勢至菩薩。」

原典

佛告阿難及韋提希：「見無量壽佛了了分明已，次亦應觀觀世音菩薩。此菩薩身長八十萬億那由他由旬，身紫金色，頂有肉髻❶，項有圓光，面各百千由旬。其圓光中，有五百化佛如釋迦牟尼，一一化佛有五百化菩薩，無量諸天以爲侍者。舉身光中，五道衆生，一切色相，皆於中現。頂上有毘楞伽摩尼寶，以爲天冠，其天冠❷中，有一立化佛，高二十五由旬。觀世音菩薩面如閻浮檀金色，眉間毫相備七寶色，流出八萬四千種光明，一一光明有無量無數百千化佛，一一化佛有無數化菩薩以爲侍者，變現自在，滿十方世界。臂如紅蓮華色，有八十億微妙光明，以爲瓔珞，其瓔珞中普現一切諸莊嚴事。手掌作五百億雜蓮華色，手十指端，一一指端有八萬四千畫，猶如印文，一一畫有八萬四千色，一一色有八萬四千光。其光柔軟，普照一切。以此寶手，接引衆生。舉足時，足下有千輻輪相，自然化成五百億光明臺；下足時，有金剛摩尼華，布散一切，莫不彌滿。其餘身相，衆好具足，如佛無異，唯頂上肉髻及無見頂相，不及世尊。是爲觀觀世音菩薩眞實色身相，名第十觀。」

佛告阿難：「若欲觀觀世音菩薩者，當作是觀。作是觀者，不遇諸禍，淨除業障，除無數劫生死之罪。如此菩薩，但聞其名，獲無量福，何況諦觀？若有欲觀觀世音菩薩者，先觀頂上肉髻，次觀天冠，其餘衆相，亦次第觀之，悉令明了，如觀掌中。作是觀者，名爲正觀，若他觀者，名爲邪觀。

「次觀大勢至菩薩。此菩薩身量大小，亦如觀世音。圓光面各百二十五由旬，照二百五十由旬。舉身光明，照十方國，作紫金色，有緣衆生，皆悉得見。但見此菩薩一毛孔光，即見十方無量諸佛淨妙光明，是故號此菩薩名無邊光。以智慧光普照一切，令離三塗，得無上力，是故號此菩薩名大勢至。此菩薩天冠，有五百寶華，一一寶華，有五百寶臺，一一臺中，十方諸佛、淨妙國土廣長之相，皆於中現。頂上肉髻，如鉢頭摩華❸，於肉髻上，有一寶瓶，盛諸光明，普現佛事。餘諸身相，如觀世音等無有異。此菩薩行時，十方世界一切震動，當地動處，有五百億寶華。一一寶華，莊嚴高顯，如極樂世界。此菩薩坐時，七寶國土，一時動搖，從下方金光佛刹，乃至上方光明王佛刹，於其中間，無量塵數，分身無量壽佛，分身觀世音、大勢至。皆悉雲集極樂國土，塤塞空中，坐蓮華座，演說妙法，度苦衆生。作此觀者，名爲觀見大勢至菩薩，是爲觀大勢至色身相。觀此菩薩者，名第十一觀。除無數劫阿僧祇❹生死之罪，作是觀者，不處胞胎，常遊諸佛淨妙國土。此觀成已，名爲具足觀觀世音、大勢至。」

注釋

❶**肉髻**：即肉髻相，是三十二相之一。如來及菩薩的頭頂上，骨肉隆起，其形如髻，所以稱肉髻，是尊貴之相。佛陀頂上肉髻，高廣平好。大人頂上有肉髻團圓相，稱爲發螺右旋，此係大人之相。世尊頂上的肉髻，高顯而廣闊，猶如天蓋。本經中所述的觀世音、大勢至菩薩的肉髻，是佛及菩薩所共有的，只是諸佛之相極殊勝，菩薩之相稍有遜色。正如本經中所述，觀世音菩薩的色身相中，只有頂上肉髻及無見頂相不及世尊。

❷**天冠**：又叫寶冠，是諸天頭上所戴的冠，或類似諸天之冠的微妙之冠。因爲它精微殊妙，非人中所有，所以稱天冠。

❸**鉢頭摩華**：即紅蓮花，原產於東印度、波斯等國。千手觀音四十手中，其左面之一

手持此花，稱紅蓮花手。

❹**阿僧祇**：爲印度數目之一，無量數或極大數的意思。據稱一阿僧祇有一千萬萬萬萬萬萬萬萬兆（萬萬爲億，萬億爲兆），於印度六十種數目單位中，阿僧祇爲第五十二數。

譯文

佛說道：「第十一觀之後，應當觀想自心生於西方極樂世界，在蓮花中結跏趺坐，觀想蓮花的一開一合。蓮花開時，有五百種光明照射身上，繼而觀想眼目睜開時，看到無數佛及菩薩充滿虛空中，諸佛的聲音以及遍地水鳥樹林流出的聲響，一齊演說著佛門妙法，完全與十二部經的佛理契合，即便在出離禪定之時，也能繼續憶念奉持。進行完以上的觀想，就是觀見到了無量壽佛的極樂世界，這叫普觀想，也稱爲第十二觀。無量壽佛化著無數尊佛身，與觀世音、大勢至菩薩一起，經常出現在這樣的修行境界。」

佛對阿難和韋提希說：「如果有人發至誠心願要往生西方極樂世界，應當先觀想無量壽佛（即阿彌陀佛）在池水上的一丈六尺的身像。前面所說的無量壽佛的身量無邊，並不是凡夫的心願力所能觀見的，然而憑著佛的宿世的大願力，堅持憶念觀想的人，還是能夠實現願望的。只要觀想到佛像，就可以獲得無量的福德，更何況觀想佛的全部身相呢？那阿彌陀佛在十方佛國裏，神通廣大，變現自如。或者於滿虛空中顯現大身，或變現一丈六尺的小身，所變現的身形，都呈眞金色。至於佛頂上的圓輪光明、無數化佛以及寶蓮花，都與前面所說的差不多。另外，觀世音菩薩和大勢至菩薩，在任何地方身形和衆生差不多，只是看他們的頭相才看得出誰是觀世音、誰是大勢至。這兩位菩薩一直協助阿彌陀佛化示一切，普度衆生。以上就是進行雜想觀，叫做第十三觀。」

原典

「見此事時，當起自心生於西方極樂世界，於蓮華中結跏趺坐❶，作蓮華合想、作蓮華開想。蓮華開時，有五百色光來照身想，眼目開想，見佛菩薩滿虛空中，水鳥樹林及與諸佛所出音聲，皆演妙法，與十二部經合，出定之時，憶持不失。見此事已，名見無量壽佛極樂世界，是爲普觀想，名第十二觀。無量壽佛化身無數，與觀世音、大勢至，常來至此行人之所。」

佛告阿難及韋提希：「若欲至心生西方者，先當觀於一丈六像，在池水上。如先所說無量壽佛身量無邊，非是凡夫心力所及，然彼如來宿願❷力故，有憶想者，必得成就。但想佛像，得無量福，況復觀佛具足身相？阿彌陀佛，神通如意，於十方國，變現自在。或現大身滿虛空中，或現小身丈六八尺，所現之形，皆眞金色。圓光、化佛及寶蓮華，如上所說。觀世音菩薩及大勢至，於一切處，身同衆生，但觀首相，知是觀世音、知是大勢至。此二菩薩，助阿彌陀佛普化一切。是爲雜想觀，名第十三觀。」

注釋

❶**結跏趺坐**：坐法之一，即互交二足，結跏安坐。諸坐法中，結跏趺坐最安穩而不易疲倦。另外，稱交一足爲半跏趺坐、半跏坐、半跏、賢坐；稱交二足爲全跏坐、本跏坐、全跏、大坐、蓮花坐。此爲圓滿安坐之相，諸佛皆依此法而坐，故又稱如來

坐、佛坐。其坐法就是雙膝彎曲，形成兩足掌向上的坐勢，具體又可分爲降魔、吉祥兩種形式。先以右足壓左股，後以左足壓右股，二足掌仰於二股之上，手亦左手居上，稱爲降魔坐，淨土、禪宗、天臺等顯教諸宗多傳此坐。先以左足壓右股，後以右足壓左股，手亦右手壓左手，稱爲吉祥坐。

❷**宿願**：指於宿世（過去世、前世）、往昔所發的誓願；廣義而言，一般指世間、出世間的願望。又稱心願、素願。本經中所載的如來宿願力，即指阿彌陀如來於過去因位所發起的大願力，依此宿願力用以成就衆生。

譯文

佛繼續對阿難和韋提希說：「第十三觀之後，應當觀想上品衆生往生淨土的情形。如果有人誓願要往生極樂世界，只要發三種心願，就可以往生極樂淨土。三種心是什麼呢？一是至誠心，二是深心，三是回向發願心，具有這三種心願，就一定能往生極樂淨土。另外，有三種衆生也能夠往生極樂世界，他們是哪三種呢？一是慈悲爲懷，不施殺戮，奉行戒律者；二是潛心讀誦大乘經典者；三是修行念佛念法念僧等六念，將修行的善根功德，回向於西方淨土，而發往生淨土之願心者。如果有人具備這三種功德，那麼他就能在一天至七天間得以往生西方極樂世界。

「往生西方極樂世界時，因爲此人在修行功德善根時精進勇猛，所以阿彌陀佛、觀世音大勢至兩位菩薩、無數尊化佛、千百個比丘、聲聞大衆、以及無數諸天等，帶著七寶宮殿前來接引。觀世音菩薩手執金剛臺，與大勢至菩薩一起來到修行者的面前。阿彌陀佛放出無限光明照射在修行者身上，與諸菩薩一起伸手引導修行者。觀世音、大勢至與衆多的菩薩對修行者稱讚不絕，勉勵他用心努力精進。修行者一見這般情形，歡喜踴躍，只感到自己的身子乘座在金剛臺上，跟從在阿彌陀佛身後，頃刻間往生到西方極樂淨土。

「往生極樂世界後，看見到佛全部的殊勝形貌，也看到諸菩薩的全部形相。極樂世界，光明無限，七寶樹林在微風吹動下演說佛法，修行者聽到後，就體悟諸法無生無滅之理，做到安住且不動心。再過一會兒，就能歷事供養十方一切諸佛，諸佛依次爲他授記後，修行者就回還到本國，獲得總攝憶持無量佛法而不忘失的念慧力。以上就是觀想的上品上生者往生淨土的情形。

「上品中生的人，不一定信受奉持、讀誦大乘經典，但能善解佛理義趣，深解佛法眞諦，心念安住不亂，深信因果律，不誹謗大乘佛道，以這樣的功德善根，回向於西方淨土，而發往生極樂世界的心願。這樣的修行者，在臨終的時候，阿彌陀佛與觀世音大勢至兩位菩薩，以及無數親近隨從者，持著紫金臺，來到修行者面前，對他稱讚道：你這樣的正法佛子，能修行大乘佛道，善解佛法眞諦，所以我等今天前來接引你往生極樂世界。說著，阿彌陀佛與千百個化佛一起伸手接引。修行者只見自己坐在紫金臺上，雙手合掌，手指交叉，稱頌諸佛恩德。頃刻間，就往生到極樂世界的七寶池中。紫金臺如大寶蓮花一般，隔宿則開。修行者身上充滿紫金色，脚下盛開著七寶蓮花，阿彌陀佛以及兩位菩薩同時放出光明，照射在修行者身上，令他心眼開明。修行者因前生前世所有的習慣，聽到所有的聲音都在演說佛法深奧的眞諦。於是，修行者對佛合掌禮敬，稱頌世尊的恩德。經過七天，修行者獲得最高佛智，處於永不退失的修行境界，並且能飛行遊歷於十方世界，供養諸佛，修行正定。經過一小劫，證得諸法無生無滅之理，做到安住而不動心。於是，佛顯現於前面，爲修行者授記。以上就是觀想上品中生者往生淨土的情形。

「上品下生的人，也深信因果律，不誹謗大乘佛道，並生發成就最高佛道的心願，以這樣的功德善根，回向於西方淨土，祈望往生極樂世界。這樣的修行者，在臨終的時候，阿彌陀佛及觀世音、大勢至與諸菩薩手持金蓮花，化成五百個化佛，前來迎接此人。五百個化佛同時伸手接引，並稱讚修行者說：佛子，你如今身心清淨，生發要成就最高佛道的心願，我等今天特前來迎接你往生淨土。這時，修行者只見自己身坐在金蓮花中，金蓮花隨即閉合，跟從在佛陀身後，往生於極樂世界的七寶池中。一天一夜之後，蓮花才重新開放，七天過後，才能夠看到阿彌陀佛。雖說是看到佛身，但對於其他殊勝容貌，修行者仍覺得心眼沒有明了。二十一天過後，終於心眼開通，了了分明，聽到各種聲音，都在演說佛法。於是能遊歷十方世界，供養諸佛，並在諸佛面前，聽從更爲深妙的佛法。經過三小劫之後，獲得通達百法的智慧法門，住於初歡喜地的修行階位，這就是上品下生者往生淨土的情形。觀想以上三種情形叫做上輩生想，也稱第十四觀。」

原典

佛告阿難及韋提希：「上品上生者，若有衆生願生彼國者，發三種心，即便往生。何等爲三？一者至誠心❶，二者深心，三者回向發願心，具三心者，必生彼國。復有三種衆生，當得往生，何等爲三？一者慈心不殺，具諸戒行；二者讀誦大乘方等❷經典；三者修行六念❸，回向發願，願生彼國。具此功德，一日乃至七日，即得往生。

「生彼國時，此人精進勇猛故，阿彌陀如來與觀世音、大勢至、無數化佛、百千比丘、聲聞大衆、無量諸天，七寶宮殿。觀世音菩薩執金剛臺，與大勢至菩薩至行者前。阿彌陀佛放大光明，照行者身，與諸菩薩授手❹迎接。觀世音、大勢至與無數菩薩，讚歎行者，勸進其心。行者見已，歡喜踴躍，自見其身乘金剛臺，隨從佛後，如彈指頃，往生彼國。

「生彼國已，見佛色身衆相具足，見諸菩薩色相具足。光明寶林，演說妙法，聞已即悟無生法忍。經須臾間，歷事諸佛遍十方界，於諸佛前次第受記，還至本國，得無量百千陀羅尼❺門，是名上品上生者。

「上品中生者，不必受持、讀誦方等經典，善解義趣，於第一義❻，心不驚動，深信因果，不謗大乘，以此功德，回向願求生極樂國。行此行者，命欲終時，阿彌陀佛與觀世音、大勢至、無量大衆、眷屬圍繞，持紫金臺，至行者前讚言：法子❼，汝行大乘，解第一義，是故我今來迎接汝。與千化佛，一時授手。行者自見坐紫金臺，合掌叉手，讚歎諸佛。於一念頃，即生彼國七寶池中。此紫金臺如大寶華，經宿則開。行者身作紫磨金❽色，足下亦有七寶蓮華，佛及菩薩，俱時放光，照行者身，目即開明。因前宿習❾，普聞衆聲，純說甚深第一義諦。即下金臺，禮佛合掌，讚歎世尊。經於七日，應時即於阿耨多羅三藐三菩提，得不退轉，應時即能飛行遍至十方，歷事諸佛，於諸佛所，修諸三昧。經一小劫，得無生忍。現前受記，是名上品中生者。

「上品下生者，亦信因果，不謗大乘，但發無上道心，以此功德，回向願求生極樂國。行者命欲終時，阿彌陀佛及觀世音、大勢至，與諸菩薩，持金蓮花，化作五百佛，來迎此人。五百化佛一時授手，讚言：法子，汝今清淨，發無上道心，我來迎汝。見此事時，即自見身坐金蓮華，坐已華合，隨世尊後，即得往生七寶池中。一日一夜，蓮華乃開，七日之中，乃得見佛。雖見佛身，於衆相好，心不明了。於三七日後，乃了了見，聞衆音聲，皆演妙法。遊歷十方，供養諸佛，於諸佛前，聞甚深法。經三小劫，得百法明門⑩，住歡喜地⑪，是名上品下生者，是名上輩生想，名第十四觀。」

注釋

❶**至誠心**：即至心、至極之心，是專心、一心的意思。善導的《往生禮讚》中說：「但使專意作者，十即十生；修雜不至心者，千中無一。」《占察善惡業報經》卷上分至心爲二：㈠初始學習求願至心。㈡攝意專精，成就勇猛相應至心。此第二至心又分爲一心、勇猛心、深心等三種。另外，在淨土宗中，至心又是「三信」之一。阿彌陀佛第十八願中所誓願的至心、信樂、欲生等三心稱爲三信，在淨土宗看來，從心底誠心信仰阿彌陀佛即稱至心。

❷**方等**：指大乘經典，即廣説廣大甚深之義者。在大乘佛教中，主要作爲指大乘經典的用語，後世小乘三藏（佛教聖典）中並未説及方等，所以方等不僅意味其量之廣

大，主要乃指在內容上說廣大平等之理趣。大乘經典的名稱冠以大方等、大方廣等語，是爲與九部經、十二部經之一的方等加以區別。以方等意謂大乘經典，所以大乘經典也稱大乘方等經典。

❸**六念**：即六隨念、六念處、六念法。六念是：㈠念佛，念佛大慈大悲的無量功德。㈡念法，念如來所說三藏十二部經能利益大地衆生。㈢念僧，念僧具足戒、定、慧，能爲世間衆生作良福田。㈣念戒，念戒行有大勢力，能除衆生之諸惡煩惱。㈤念施，念布施有大功德，能除衆生之慳貪。㈥念天，念三界諸天果報。

❹**授手**：即佛伸手引導衆生入淨土的意思。

❺**陀羅尼**：意譯總持、能持、能遮。意思是能總攝憶持無量佛法而不忘失的念慧力。換言之，陀羅尼爲一種記憶術，即於一法之中，持一切法；於一文之中，持一切文；於一義中，持一切義；所以由記憶此一法一文一義，而能聯想一切之法，總持無量佛法而不散失。陀羅尼能持各種善法，能遮除各種惡法。因爲菩薩以利他爲主，爲教化他人，所以必須得陀羅尼，得此則能不忘失無量之佛法，而在衆中無所畏，同時亦能自由自在地說教。

❻**第一義**：即第一義諦的略稱。是二諦之一，即最殊勝的第一眞理，與「世俗諦」對稱。又稱勝義諦、眞諦、聖諦、涅槃、眞如、實相、中道、法界。總括其名，即指深妙無上的眞理，爲諸法中的第一，所以稱第一義。

❼**法子**：指出家而歸入佛之正法的人，或指隨順佛道，而由法撫育的人。在佛教看來，佛所說法，本最極勝妙，爲諸法本母，如果人安住此正信，即得堅固增長，不壞淨信。窺基的《阿彌陀經疏》中認爲，佛爲法王，故稱尊其法、入其法的佛子爲法子。

❽**紫磨金**：指帶有紫色的黃金，爲黃金中的最上品。紫是紫色，磨是無垢濁的意思。紫磨黃金蓮臺稱爲紫金臺。

❾**宿習**：宿世所具有的習慣。

❿**百法明門**：意思是明了通達百法的智慧之門。指菩薩於初歡喜地所得的智慧法門。百法，概稱數目之多；明，即通達；門，即法門。諸家對百法明門之「百法」有各種說法，淨土宗也有自家的看法。法聰的《釋觀無量壽佛經記》及四明知禮的《觀無量壽經疏．妙宗鈔》卷六等載，百法，即法相宗所說的五位百法。《釋觀無量壽

佛經記》又載，十種心數法的受、想、思、觸、欲、慧、念、解脫、憶、定等，於一數生起時，其餘九數相扶而起，遂成百法。

⓫**歡喜地**：是十地的初地，即菩薩修行五十二階位中的第四十一位。又叫極喜地、初歡喜地，略稱初地。菩薩歷十信、十住、十行、十回向等修行階位，經一大阿僧祇劫的修行，初證眞如平等聖性，具證二空之理，能成就自利利他之行，心多生歡喜，所以稱歡喜地。菩薩得初地，多有七相，這七相是能堪忍受、不好諍訟、心多喜、心悅、樂於清淨、悲心愍衆生、無瞋恚心等。佛教認爲，初地菩薩與初地以前的凡夫，所得的歡喜是不一樣的。例如初地菩薩念諸佛有無量功德，並確知當來必能成就佛果，所以其心多歡喜，凡夫雖勤念諸佛，然而不能作「我必當作佛」之念，所以凡夫的歡喜異於初地菩薩。

譯文

佛告訴阿難和韋提希說：「第十四觀之後，應當觀想中品上生衆生，往生淨土的情形。如果有人能信受奉持五戒、八戒等佛門諸戒律，沒有犯五逆重罪，沒有製造衆多的過失與禍患，以這樣的功德善根，回向於西方淨土，祈求往生極樂世界。那麼，這樣的人在臨終之際，阿彌陀佛身放光明，與比丘等衆多隨從者一起，來到此人的面前，演說著苦、空、無常、無我等佛法，稱讚修行者出家修行、脫離諸苦的行爲。修行者見狀，心中無比愉悅，只見自己身坐在蓮花臺上，合掌長跪，對佛頂禮示敬。頃刻間，就得以往生到西方極樂世界。旋即，蓮花盛開了，當蓮花盛開得更大時，修行者只看得各種聲音一起在讚頌苦、集、滅、道等佛法四眞諦，隨即證得阿羅漢道果，處於獲得三明六通、具足八解脫的修行境界。這就是中品上生者往生淨土的情形。

「中品中生的人，如果有衆生能一日一夜堅持不斷、循序漸進地奉持八戒齋、沙彌戒、具足戒，威儀嚴整，毫不鬆懈，以這樣的功德善根，回向於西方淨土，祈求往生極樂世界。因持戒清淨，以此戒香氛圍薰陶的修持，那麼，這樣的人在臨終之際，會看到阿彌陀佛身放光明，與衆多親近隨從者一起，手執著七寶蓮花，來到修行者面前。此時，修行者只聽得有聲音自空中傳來，對修行者稱讚道：善男子，因你修行善德，隨順聽從三世諸佛的殷切教誨，所以我等今天特前來迎接你往生極樂世界。修行者聽罷，只見自己坐在蓮花臺上，蓮花隨即閉合，修行者得以往生到西方極樂世界。

在極樂世界的七寶池中，經過七天之後，蓮花才盛開。花開完畢，修行者睜開眼睛，合掌示敬，稱頌佛陀恩德，進一步聞聽佛法後，心中無比愉悅，證得須陀洹道果。經過半劫以後，最終成就阿羅漢果。這就是中品中生者往生淨土的情形。

「對於中品下生者而言，如果哪位善男子善女人，能夠孝養父母並且仁義爲懷、慈悲助世，那麼這樣的人，在臨終之際，會遇上正直而有德行的人爲他廣爲宣說阿彌陀佛極樂淨土的美妙情形，並且宣說有關法藏比丘的二十四願。那善男子或者善女人聽完以後，就在像世上壯士伸臂舒身一般的一瞬間，馬上離開人世，隨即往生到西方極樂世界。七天過後，遇見觀世音、大勢至兩位菩薩，在聽聞他們宣說的佛法後，心中無比愉悅，證得須陀洹道果。再過一小劫，成就阿羅漢果，這就是中品下生者往生淨土的情形。觀想以上三種往生淨土的情形叫做中輩生想，也稱第十五觀。」

原典

佛告阿難及韋提希：「中品上生者，若有衆生，受持五戒，持八戒齋，修行諸戒，不造五逆❶，無衆過患，以此善根，回向願求生於西方極樂世界。臨命終時，阿彌

陀佛與諸比丘、眷屬圍繞，放金色光，至其人所，演說苦、空、無常、無我，讚歎出家得離衆苦。行者見已，心大歡喜，自見己身坐蓮華臺，長跪合掌爲佛作禮。未舉頭頃，即得往生極樂世界。蓮華尋開，當華敷時，聞衆音聲讚歎四諦❷，應時即得阿羅漢道，三明六通❸，具八解脫，是名中品上生者。

「中品中生者，若有衆生，若一日一夜持八戒齋，若一日一夜持沙彌戒❹，若一日一夜持具足戒，威儀無缺，以此功德，回向願求生極樂國。戒香薰修，如此行者，命欲終時，見阿彌陀佛與諸眷屬，放金色光，持七寶蓮華，至行者前。行者自聞空中有聲，讚言：善男子，如汝善人，隨順三世諸佛教故，我來迎汝。行者自見坐蓮華上，蓮華即合，生於西方極樂世界。在寶池中，經於七日，蓮華乃敷。華既敷已，開目合掌，讚歎世尊，聞法歡喜，得須陀洹。經半劫已，成阿羅漢，是名中品中生者。

「中品下生者，若有善男子、善女人，孝養父母，行世仁慈，此人命欲終時，遇善知識❺，爲其廣說阿彌陀佛國土樂事，亦說法藏比丘二十四願，聞此事已，尋即命終，譬如壯士屈伸臂頃，即生西方極樂世界。經七日已，遇觀世音及大勢至，聞法歡喜，得須陀洹。過一小劫，成阿羅漢，是名中品下生者。是名中輩生想，名第十五觀。」

注釋

❶五逆：又叫五逆罪，即五重罪。指罪大惡極，極逆於理者。有大乘五逆、小乘五逆之分。大乘五逆（復五逆）是指：㈠破壞塔寺，燒毀經像，奪取三寶之物。或教唆他人行此等事，而心生歡喜。㈡誹謗聲聞、緣覺以及大乘法。㈢妨礙出家人修行，或殺害出家人。㈣犯小乘五逆罪之一。㈤主張所有皆無業報，而行十不善業，或不畏後世果報，而教唆他人行十惡等。小乘五逆（單五逆）指：害母、害父、害阿羅漢、惡心出佛身血、破僧，又作破和合僧等五者。

❷四諦：也叫四眞諦、四聖諦。即苦、集、滅、道四諦。釋尊於鹿野苑初轉法輪時說四諦眞理，闡明迷、悟兩界之因果，成爲佛教的根本教義。

❸六通：指六神通，是佛菩薩依定慧力所顯示的六種無礙自在的妙用。這六通就是：神足通、天耳通、他心通、宿命通、天眼通、漏盡智證通。

❹沙彌戒：沙彌受持的十戒：不殺戒、不盜戒、不淫戒、不妄語戒、不飲酒戒、離高

廣大床戒、離花鬘等戒、離歌舞等戒、離金寶物戒、離非時食戒。如果進一步受具足戒，則稱大僧。

❺**善知識**：指正眞而有德行，能教導正道的人。反之，教導邪道的人，稱爲惡知識。據《大品般若經》卷二十七〈常啼品〉載，能說空、無相、無作、無生、無滅之法及一切種智，而使人歡喜信樂者，稱爲善知識。《華嚴經·入法界品》記述善財童子於求道過程中，共參訪五十五位善知識（一般作五十三位善知識），即上至佛、菩薩、下至人、天，不論以何種姿態出現，凡能引導衆生捨惡修善、入於佛道者，均可稱爲善知識。《瑜伽師地論》舉出善知識具有調伏、寂靜、惑除、德增、有勇、經富、覺眞、善說、悲深、離退等十種功德。

譯文

佛繼續對阿難和韋提希說：「第十五觀之後，應當觀想下品衆生往生淨土的情形。下品上生的人，作了許多惡業，雖然沒有誹謗大乘經典，但愚癡無比，惡業重重，沒有懺悔、慚愧之心。臨終之際，會遇上正直而有德行的人，爲他宣說大乘十二部經名，此人聽說這些經典的名字後，滅除千劫的累累惡業。那善知識又教此人雙手合掌，稱念南無阿彌陀佛。因爲如此稱名念佛的緣故，此人得以滅除五十億劫的生死之罪。這時，阿彌陀佛也派遣化佛以及化觀音、化大勢至菩薩來到此人面前，對他稱讚道：善男子，因你能稱名念佛，所以諸罪消滅，諸惡消除，我等特來迎接你往生極樂世界。說罷，此修行者隨即看到化佛光明四射，滿室生輝，心中無限歡喜，隨即命終，乘著寶蓮花，跟從在化佛之後，往生於極樂世界的七寶池中。經過七七四十九天，蓮花才盛開。當蓮花盛開時，大慈大悲的觀世音菩薩以及大勢至菩薩，放射出無限光明，來到此人面前，爲他宣說十二部經典的深妙內容。修行者聽罷，起信生解，生發成就最高佛道的心願。經過十小劫之後，獲得通達百法的智慧之門，證得初歡喜地的修行境界，這就是下品上生者往生淨土的情形。」

佛對阿難和韋提希說：「對於下品中生者而言，比如有這樣的人，他一貫違犯五戒、八戒和具足戒，並且這樣的愚癡之人，偷無數十方常住物，又盜現前僧人的物品，以不清淨心說法（指貪求名聞利養），毫無慚愧之心，以如此種種惡業嚴飾自己的身格。這樣的罪人，因其惡業重重、罪行累累，所以他死後應當墮於地獄中。當他臨終之時，地獄中的處處大火，一時間全向他撲來。這時，遇見正直而有德行的人，本著大慈大悲的情懷，爲他宣說、頌揚阿彌陀佛的十神力以及威重恩德，廣爲宣讚阿彌陀佛的光明神通，以及戒、定、慧、解脫等佛門見解。此人聽過之後，得以滅除八十億劫生死之罪，那地獄的猛火，一時間化爲陣陣清涼的風。涼風也吹來朶朶天花，天花上有化佛、化菩薩前來迎接此人。頃刻之間，此人得以往生於極樂世界的七寶池中的蓮花裏面。經過六劫之後，蓮花盛開，觀世音、大勢至兩位菩薩以清淨微妙的聲音，前來安慰此人，爲他宣說微妙的大乘經典的內容。此人聽完兩位菩薩宣說的佛法後，立即生發要成就最高佛道的心願。這就是下品中生者往生淨土的情形。」

佛繼續對阿難和韋提希說：「至於下品下生者，比如有人作惡多端，犯下五逆十惡，這樣的愚癡衆生，因他惡業深重，所以死後應墮生惡道中，歷經多劫、無窮盡地受苦痛折磨。這樣的愚癡衆生在臨終之際，遇見正直而有德行人給予他種種安慰，並爲他宣說佛法，教他憶念觀想佛陀。但此人被苦痛折磨著，來不及念佛。有行善的友人對他說：如果你來不及念佛，就應當稱念無量壽佛的名號，誠心誠意，念念不斷，只要稱念十聲南無阿彌陀佛，就能於念念中滅除八十億劫的生死之罪。臨終之際，會看到金蓮花像日輪一般來到此人面前，於一念頃，他即得以往生西方極樂世界的蓮花中，於其花中經過十二大劫之後，蓮花盛開，這時，觀世音和大勢至兩位菩薩以大慈大悲的聲音，爲他廣泛宣說佛教眞諦，使他能夠滅除罪過。此人聞聽二菩薩說法後，心中無比愉悅，立即生發要成就無上覺悟的心願，這就是下品下生者往生淨土的情形。觀想以上三種下品衆生往生極樂世界的情形就叫下輩生想，也稱第十六觀。」

原典

佛告阿難及韋提希：「下品上生者，或有衆生，作衆惡業，雖不誹謗方等經典，如此愚人，多造惡法，無有慚愧。命欲終時，遇善知識，爲說大乘十二部經首題名字，以聞如是諸經名故，除卻千劫極重惡業。智者復教合掌叉手，稱南無阿彌陀佛。稱佛名故，除五十億劫生死之罪。爾時，彼佛即遣化佛、化觀世音、化大勢至至行者前，讚言：善男子，以汝稱佛名故，諸罪消滅，我來迎汝。作是語已，行者即見化佛光明，遍滿其室，見已歡喜，即便命終，乘寶蓮華，隨化佛後，生寶池中。經七七日，蓮華乃敷。當華敷時，大悲觀世音菩薩及大勢至菩薩，放大光明，住其人前，爲說甚深十二部經。聞已信解❶，發無上道心。經十小劫，具百法明門，得入初地，是名下品上生者。」

佛告阿難及韋提希：「下品中生者，或有衆生，毀犯五戒、八戒及具足戒，如此愚人，偷僧祇物，盜現前僧物，不淨說法，無有慚愧，以諸惡業而自莊嚴。如此罪人，以惡業故，應墮地獄。命欲終時，地獄衆火，一時俱至。遇善知識，以大慈悲，即爲讚說阿彌陀佛十力❷威德，廣讚彼佛光明神力，亦讚戒、定、慧、解脫、解脫知見❸。此人聞已，除八十億劫生死之罪，地獄猛火，化爲清涼風。吹諸天華，華上皆有化佛菩薩，迎接此人。於一念頃，即得往生七寶池中蓮華之內。經於六劫，蓮華乃敷，觀世音、大勢至，以梵音聲❹，安慰彼人，爲說大乘甚深經典。聞此法已，應時即發無上道心。是名下品中生者。」

佛告阿難及韋提希：「下品下生者，或有衆生，作不善業，五逆十惡❺，具諸不善，如此愚人，以惡業故，應墮惡道，經歷多劫，受苦無窮。如此愚人，臨命終時，遇善知識，種種安慰，爲說妙法，教令念佛。彼人苦逼，不遑念佛，善友告言：汝若不能念彼佛者，應稱無量壽佛，如是至心，令聲不絕，具足十念，稱南無阿彌陀佛，稱佛名故，於念念中，除八十億劫生死之罪。命終之時，見金蓮華，猶如日輪，住其人前，於一念頃，即得往生極樂世界。於蓮華中，滿十二大劫，蓮華方開，觀世音、大勢至，以大悲音聲，爲其廣說諸法實相，除滅罪法。聞已歡喜，應時即發菩提之心，是名下品下生者。是名下輩生想，名第十六觀。」

注釋

❶**信解**：是起信生解、依信而得勝解的意思。

❷**十力**：即十種智力，即佛十八不共法中的十種。是說如來證得實相之智，了達一切，無能壞，無能勝，故稱爲力。這十力是：㈠處非處智力，又叫知是處非處智力、是處不是力、是處非處力。㈡業異熟智力，又叫知業報智力、知三世業智力、業報集智力、業力。㈢靜慮解脫等持等智力，又叫靜慮解脫等持等至發起雜染清淨智力、知諸禪解脫三昧智力、禪定解脫三昧淨垢分別智力、定力。㈣根上下智力，又叫知諸根勝劣智力、知衆生上下根智力、根力。㈤種種勝解智力，又叫知種種解智力、知衆生種種欲智力、欲力。㈥種種界智力，又稱是性力、知性智力、性力。㈦遍

趣行智力，又稱知一切至處道智力、至處道力。㈧宿住隨念智力，又稱知宿命無漏智力、宿命智力、智力、宿命力。即如實了知過去世種種事之力。㈨死生智力，又稱知天眼無礙智力、宿住生死智力、天眼力。㈩漏盡智力，又稱知永斷習氣智力、結盡力、漏盡力。

❸**知見**：指依自己的思慮分別而立的見解。與智慧有區別，智慧是般若的無分別智，是離思慮分別的心識。只有用作佛知見、智見波羅蜜時，則知見與智慧同義。

❹**梵音聲**：指佛菩薩的音聲。《大智度論》卷四載，佛之梵音如大梵天王所出之聲，有五種清淨之音：㈠甚深如雷。㈡清徹遠播，聞而悦樂。㈢人心敬愛。㈣諦了易解。㈤聽者無厭。

❺**十惡**：又作十不善業道、十惡業道、十不善根本業道、十黑業道。是身口意三業中所行的十種不善行爲，這十惡是：㈠殺生。㈡偷盗。㈢邪淫。㈣妄語。㈤兩舌。㈥惡口，即惡語、惡罵。㈦綺語，即雜穢語、非應語、散語、無義語。㈧貪欲，即貪愛、貪取、慳貪。㈨瞋恚。㈩邪見，即愚癡。

譯文

佛正闡說著以上話語的時候，韋提希和五百名侍女聽後，頓然能觀見極樂世界莊嚴寬廣的美妙氣象，並且能觀見無量壽佛以及觀世音、大勢至兩位菩薩，心中生起前所未有的無限喜悅，心智覺得豁然開朗，證得諸法不生不滅之理，獲得安心不動的境界。五百名侍女也生發要成就最高佛道的心願，祈望能夠往生西方極樂淨土。佛陀全都給她們授記，你們和韋提希夫人，皆得往生西方極樂世界，於其淨土能夠獲得觀見諸佛現於眼前的念佛三昧，無量諸天及五百侍女都能進一步生發要成就最高佛道的心願。

這時，阿難尊者從座上站起，對佛說道：「世尊，你覺得以什麼名稱，來概括此經的主要內容，又如何信受奉持這部經典呢？」佛陀對阿難說：「此經就叫《觀極樂國土無量壽佛觀世音菩薩大勢至菩薩經》，也叫《淨除業障生諸佛前經》。你們應當信受奉持，不可忘失，按照此經修行到最高境界，使現身得以觀見無量壽佛以及觀世音、大勢至兩位菩薩。若有善男子或善女人，只要聽到無量壽佛及觀世音、大勢至兩位菩薩的名號，就可以滅除無數劫生死之罪，更何況憶念觀想呢？如果有誰能堅持念佛，那麼就可知道此人是人中分陀利花，觀世音、大勢至二菩薩是他的好友，應當能坐於菩提道場，生於諸佛之家。」佛陀又對阿難說：「你等好好奉持我所說的這番話。奉持這些，就是奉持無量壽佛的名號。」

佛說著這些話的時候，目犍連尊者、阿難尊者以及韋提希等人聽後，心中充滿無限愉悅。這時，世尊行於虛空中，回耆闍崛山而去。那時，阿難就廣泛地給大家宣說以上的情形，天龍、夜叉等八部衆以及無量諸天，聽完佛所說的話後，也帶著無限喜悅的心情，禮佛示敬而去。

原典

說是語時，韋提希與五百侍女，聞佛所說，應時即見極樂世界廣長之相，得見佛身及二菩薩，心生歡喜，歎未曾有，豁然大悟，獲無生忍。五百侍女，發阿耨多羅三藐三菩提心，願生彼國。世尊悉記，皆當往生，生彼國已，獲得諸佛現前三昧，無量諸天，發無上道心。

爾時，阿難即從座起，白佛言：「世尊，當何名此經此法之要？當云何受持？」佛告阿難：「此經名《觀極樂國土無量壽佛觀世音菩薩大勢至菩薩》，亦名《淨除業障生諸佛前》。汝當受持，無令忘失，行此三昧者，現身得見無量壽佛及二大士。若善男子及善女人，但聞佛名、二菩薩名，除無量劫生死之罪，何況憶念？若念佛者，當知此人則是人中分陀利華，觀世音菩薩、大勢至菩薩，爲其勝友，當坐道場，生諸佛家❶。」佛告阿難：「汝好持是語。持是語者，即是持無量壽佛名。」

佛說此語時，尊者目犍連、尊者阿難及韋提希等，聞佛所說，皆大歡喜。爾時，世尊足步虛空，還耆闍崛山。爾時，阿難廣爲大眾說如上事，無量諸天、天龍、夜叉，聞佛所說，皆大歡喜，禮佛而退。

注釋

❶**佛家**：僧侶的自稱。另外，舉凡佛道修行之道場、佛所住的世界、初地以上的境地等，也稱佛家。

3 阿彌陀經

譯文

我親自聽佛這樣說：

那時，釋迦牟尼佛在舍衛國的祇樹給孤獨園。釋尊與出家的大比丘僧共一千二百五十人在一起。這些大比丘僧都是衆所周知的大阿羅漢。出家年久而德高望重的有舍利弗、摩訶目犍連、摩訶迦葉、摩訶迦旃延、摩訶俱絺羅、離婆多、周利槃陀伽、難陀、阿難陀、羅睺羅、憍梵波提、賓頭盧頗羅墮、迦留陀夷、摩訶劫賓那、薄拘羅、阿㝹樓馱等佛的十六位大弟子。另外，還有諸位大菩薩，他們是文殊師利法王子、阿逸多菩薩、乾陀訶提菩薩、常精進菩薩等。其時，這些大菩薩以及釋提桓因等好多諸天大衆，全都聚在了一起。

原典

如是我聞❶：

一時，佛在舍衛國❷祇樹給孤獨園❸，與大比丘僧，千二百五十人俱。皆是大阿羅漢，衆所知識，長老❹舍利弗❺、摩訶目揵連❻、摩訶迦葉❼、摩訶迦旃延❽、摩訶俱絺羅❾、離婆多❿、周利槃陀伽⓫、難陀⓬、阿難陀⓭、羅睺羅⓮、憍梵波提⓯、賓頭盧頗羅墮⓰、迦留陀夷⓱、摩訶劫賓那⓲、薄拘羅⓳、阿㝹樓馱⓴，如是等諸大弟子，並諸菩薩摩訶薩、文殊師利法王子㉑、阿逸多菩薩㉒、乾陀訶提菩薩㉓、常精進菩薩㉔，與如是等諸大菩薩，及釋提桓因等無量諸天大衆㉕俱。

注釋

❶**如是我聞**：相傳釋迦牟尼佛涅槃後，其弟子結集經藏，由阿難誦經。大家問他：「如尊者所聞，當如是說？」阿難回答：「如是當說，如我所聞，故爲信順。」後來爲表信實，不是阿難持誦的經文也冠以此句。

❷**舍衛國**：梵文Srāvasti，古印度國名，今在印度西北部拉普地河南岸。

❸**祇樹給孤獨園**：梵文Jetavana-anāthapiṇḍasyārāma，簡稱「祇園」，舍衛城的花園。是佛教最早的精舍之一，釋迦牟尼佛在此居住說法二十五年。

❹**長老**：道行高，出家年數長的僧人。

❺**舍利弗**：智慧猛利，能解決諸疑，號稱「智慧第一」。師遍習世間技藝，通曉四吠陀論，又能廣解諸論，年十六已能摧伏其他議論。聞佛弟子說佛所說之因緣法，即能了解諸法無我之理。師素曉外典，故歸佛後屢能摧伏外道。

❻**摩訶目犍連**：神足輕舉，能飛遍十方，故稱「神通第一」。幼與舍利弗親交，與之同時出家，隨六師外道之一刪闍耶修學。後受舍利弗引導歸佛。其修行特色爲得天眼、天耳、知他心及能知過去未來等神通。爲救其母出餓鬼道，乃從佛所教，修盂蘭盆供。

❼**摩訶迦葉**：行十二頭陀，能堪苦行，故稱「頭陀第一」。因受佛教化，發正智，以僧伽梨供養佛，著佛所授與之糞掃衣。世尊示三乘解脫同一，分半座與迦葉。佛將無上正法付囑於師，爲佛滅後諸比丘之大依止。

❽**摩訶迦旃延**：能分別深義，敷演道教，故稱「論義第一」。師善演佛略說之法義，助益於弟子對佛法之理解。又熱心布教，住阿般提國，教化無數。

❾**摩訶俱絺羅**：號稱「問答第一」。隨佛陀出家後，得阿羅漢果，證得五蘊皆空之理，故稱悟空。據《雜阿含經》卷十二載，拘絺羅在耆闍崛山時，舍利弗來問十二因緣之義，俱絺羅一一答之，舍利弗讚其智慧明達、善調無畏，如頂上之無價寶珠。

❿**離婆多**：號稱「無倒亂第一」，爲舍利弗之弟。常坐禪入定，心無錯亂。因其父母祈離婆多星而得，故取此名。曾遭雨而止宿神祠，至深夜見有二鬼爭屍而食，乃思人身之虛幻。復詣佛所，聞人身由四大假和合之理，遂出家入道。

⓫**周利槃陀伽**：意譯爲小路、路邊生。號稱「義持第一」。師稟性魯鈍愚笨，凡學習之教法，誦過即忘，故時人稱之爲愚路。其後，佛陀教示簡短之「拂塵除垢」一語，令其於拂拭諸比丘之鞋履時反覆念誦，遂漸除業障，某日忽然開悟而證得阿羅漢果。

⓬**難陀**：釋迦牟尼佛之異母弟，號稱「儀容第一」。身長一丈五尺四寸，容貌端正，具三十相。佛陀於尼拘律園度其出家，然出家後猶難忘其妻，屢歸妻處。後以佛陀

之方便教誡，始斷除愛欲，證阿羅漢果。

⓭**阿難陀**：簡稱「阿難」，能知時明物，所至無障礙，多聞憶持不忘，堪任奉上，故稱「多聞第一」。爲佛之從弟，出家後常隨侍佛。世尊之姨母及五百釋氏女得以出家，皆由阿難盡力請求之功。

⓮**羅睺羅**：不壞禁戒，能誦讀不懈，故稱「密行第一」。爲釋尊之子，年十五歲出家。因未受具足戒，不可與比丘同宿，出房宿於厠。曾與舍利弗行乞，於途中受迫害，以慈心而能忍。又能嚴守制戒，修道精進，依數息觀而得證聖果。

⓯**憍梵波提**：意譯牛跡、牛司、牛相等。曾受舍利弗之指導。因其於過去世，摘一莖之禾，有數顆穀粒墮地，遂於五百世中受生牛身，故尚遺有牛之習性，食後常如牛之虛哺咀嚼，故有「牛相比丘」之稱。由於其態度鈍重，因而表現恬淡無爭之寬宏氣度。釋尊憐憫其常遭人毀謗，而墮於衆苦，乃命住忉利天宮尸利沙園修習禪定。

⓰**賓頭盧頗羅墮**：全稱賓頭盧跋羅墮闍。稱住世阿羅漢。號稱「福田第一」。據《請賓頭盧經》所載，師受佛之教勅，爲末法之人作福田，故天竺優婆塞國王、長者等，於設會時常請之，以食物等供養。

⑰**迦留陀夷**：號稱「教化第一」。據《增一阿含經》卷四十七、《四分律》卷十四載，迦留陀夷其身極黑，嘗夜行乞食，時天黑暗，乞至他家，彼家婦人身正懷孕，於閃電中乍見之，謂鬼神來，乃驚怖墮胎，後聞迦留陀夷爲佛弟子，婦人乃發聲惡罵。如來知之，即制定過午不得乞食之戒。

⑱**摩訶劫賓那**：意譯房宿、大分別時。因精通天文曆數，能知星宿，爲衆僧中第一。是故號稱「知星宿第一」。

⑲**薄拘羅**：意譯作善容。幼時，繼母五度殺害不果。出家之後，畢生無病苦，世壽一六〇，故號稱「長壽第一」。

⑳**阿㝹樓馱**：又作阿那律。得天眼，能見十方世界，故稱「天眼第一」。師曾於聽法中酣睡，佛陀叱責之。阿那律遂立誓不眠，因而失明。其肉眼雖敗壞，然以精進修行，遂獲天眼。

㉑**文殊師利法王子**：即文殊師利，他是菩薩中的「智慧第一」，法爲法王，法王有三子，菩薩爲眞子，二乘爲庶子，凡夫爲外子。文殊居菩薩之首，故曰「法王子」。

㉒**阿逸多菩薩**：即彌勒菩薩，從佛受記（預言）將繼承釋迦佛位爲未來佛。

㉓**乾陀訶提菩薩**：意譯香象菩薩，又作不可息菩薩。乃賢劫十六尊之一。列位於密教金剛界曼荼羅之外院方壇，南方四尊中之第一位菩薩。其形像，身呈白肉色，坐蓮花上，右拳在心前，手上持蓮，蓮上有香器，左拳置於腰上。密號大力金剛，或護戒金剛。

㉔**常精進菩薩**：此菩薩自利利他，不知疲倦。在《大寶積經》中云：「菩薩觀衆生沈於苦海，隨逐影護，其間一念不捨，不惜身命，勇猛精進，是名常精進菩薩。」

㉕**無量諸天大衆**：「天」是佛教五趣、天道、十界之一，指諸趣中最勝、最樂、最善、最妙、最高的地方，包括欲界六天、色界十七天、無色界四天，在這裏生存的有十方天人、八部修羅等。

譯文

那時，佛告訴長老舍利弗說：從我們這個世界一直向西去，經過十萬億個佛的世界，那裏，另外有個世界，叫做極樂世界。那極樂世界有佛，名叫阿彌陀佛，他現在正在那裏演說佛法。舍利弗！你可知道，那個世界爲什麼叫做極樂世界呢？這是因爲那個世界裏的衆生，沒有種種苦惱，只享受種種快樂，所以叫做極樂世界。

佛又對舍利弗說：在那極樂世界裏，一排一排有七重欄杆，一層一層有七重羅網，一行一行有七重樹林，這些欄杆、羅網、樹林，都是由四種寶物做成的，四種寶物又從四面八方，把重重欄杆、羅網、樹林圍繞起來，行行相對，重重相間，枝枝相映，絢麗多彩。所以那個世界，名叫極樂世界。

佛對舍利弗說：西方極樂世界，除了上述情形外，還有種種妙境。那裏有七種寶物築成的水池，池水盈盈，具有八種功德。七寶池的池底，全用金沙鋪成。七寶池四周的階沿、道路，也由金、銀、琉璃、玻璃等寶物合成。七寶池上，亭台樓閣，錯落生輝，也以金、銀、琉璃、玻璃、硨磲、赤珠、瑪瑙等寶物，把樓台裝飾得齊齊整整，富麗堂皇。池裏的蓮花，亭亭玉立，大如車輪。青色的蓮花放出青光，黃色的蓮花放出黃光，紅色的蓮花放出紅光，白色的蓮花放出白光，有色有光，各放異彩。微風吹來，暗香浮動，幽玄絕妙。舍利弗，如此美妙莊嚴的西方極樂世界，都是阿彌陀佛的功德所成就的。

佛又對舍利弗說：西方極樂世界，常有美妙的天國樂音蕩漾盈耳，舒坦的地面全是黃金鋪成。在一晝夜裏，可以分爲六時，天上還經常不停地有無數曼陀羅花飄落下來。生活在西方極樂世界的衆生，總要在每天清晨，各人用自己的衣襟，盛滿各種各樣好花，隨心供養各方世界的十萬億佛。到了吃飯的時候，他們回到自己居住的西方極樂世界。吃好飯後，就往來經行。舍利弗，如此美妙莊嚴的西方極樂世界，都是由阿彌陀佛的功德成就的。

原典

爾時，佛告長老舍利弗：從是西方過十萬億佛土，有世界名曰極樂。其土有佛，號阿彌陀，今現在說法。舍利弗，彼土何故名爲極樂？其國衆生，無有衆苦，但受諸樂，故名極樂。

又舍利弗，極樂國土，七重欄楯❶，七重羅網，七重行樹，皆是四寶周匝圍繞，是故彼國名爲極樂。

又舍利弗，極樂國土，有七寶池，八功德水，充滿其中。池底純以金沙布地，四邊階道，金、銀、琉璃、玻璃合成。上有樓閣，亦以金、銀、琉璃、玻璃、硨磲、赤珠、瑪瑙，而嚴飾之。池中蓮華，大如車輪，青色青光，黃色黃光，赤色赤光，白色白光，微妙香潔。舍利弗，極樂國土，成就如是功德莊嚴。

又舍利弗，彼佛國土，常作天樂，黃金為地，晝夜六時❷，雨天曼陀羅華。其土眾生，常以清旦，各以衣裓，盛眾妙華，供養他方十萬億佛。即以食時❸，還到本國，飯食經行❹。舍利弗，極樂國土，成就如是功德莊嚴。

注釋

❶**欄楯**：欄，橫的欄杆。楯，豎的欄杆。

❷**晝夜六時**：指佛經中常說的初日分（早晨）、中日分（中午）、後日分（下午）、初夜分（黃昏）、中夜分（半夜）、後夜分。

❸**食時**：指吃早飯時。清旦出發到十萬億個大千世界去供養佛，吃早飯即回，是指西方極樂世界眾生有「神足通」（佛教神通之一）。

❹**經行**：《阿彌陀經疏》云：「經行者，謂旋遶思惟。」《阿彌陀經通贊疏》卷中云：「或繞寶殿或繞瓊林或往或來如絹經來往，故云經行，足行寶地，口念金經，故

云經行也。」

譯文

佛接著又說：舍利弗，在那西方極樂世界，經常有各種各樣羽翼繽紛的奇異殊妙之鳥，飛翔鳴唱在極樂世界，他們中間，有白鶴、孔雀、鸚鵡、百舌鳥、好聲鳥、共命鳥等等。這許多鳥，在晝夜六時裏，時時發出婉囀幽雅的鳴叫。幽雅的聲音，都在和暢地演說吟傳五根、五力、七菩提分、八聖道分等種種佛法。西方極樂世界的衆生，聽了這些鳥的妙音，全都生起念佛、念法、念僧之心。

舍利弗，你不要以爲這些鳥兒，是因爲做人造了罪，所以才投胎爲鳥。爲什麼呢？因爲那西方極樂世界，沒有畜生、餓鬼、地獄三種惡道。舍利弗，你說那西方極樂世界，尚且沒有惡道的名稱，又哪來實實在在的惡道呢？這許多鳥兒，都是阿彌陀佛，爲了使佛的法音廣爲流布，所以才以佛的神力變現出來的。

舍利弗，在那西方極樂世界，清風徐起，各種寶物綴成的排排樹林和層層羅網搖曳生姿，發出非常微妙動聽的聲音，猶如成千上百種樂器，同時吹奏起來。人們聽到瓊林寶網演出的妙音，自然而然地會生出念佛、念法、念僧的心境。舍利弗，那如此美妙莊嚴的西方極樂世界，都是阿彌陀佛功德所成就的。

舍利弗，你是怎麼想的？那西方極樂世界的佛爲什麼稱爲阿彌陀佛？舍利弗，這是因爲阿彌陀佛全身能夠放射出無量的光明，光明透徹十方，智炬照耀十方一切諸佛的世界，而沒有障礙，所以才稱他爲阿彌陀佛。佛又說到：舍利弗，阿彌陀佛的壽命，以及西方極樂世界人們的壽命都無窮無盡，不可計數，所以才稱他爲阿彌陀佛。舍利弗，阿彌陀佛從成佛到現在，已經過了十個劫數。

佛又對舍利弗說，那阿彌陀佛有好多好多數不過來的聲聞弟子，他們都是阿羅漢，他們的確切人數不是用數字能夠算得出來的。不但是佛的聲聞弟子多得難以計算，就是諸菩薩也是這樣。舍利弗，西方極樂世界的種種妙境，都是阿彌陀佛功德所成就的。

佛又繼續說道：舍利弗，那凡是生到西方極樂世界的衆生，只有一直修持上去，沒有中途退轉下來的。他們中間還有好多菩薩在一生後就能達到候補佛位，這樣的菩薩也非常多，多得無以數計，且用「無量無邊阿僧祇」來形容吧。

原典

復次，舍利弗，彼國常有種種奇妙雜色之鳥，白鶴、孔雀、鸚鵡、舍利❶、迦陵頻伽❷、共命之鳥❸。是諸衆鳥，晝夜六時，出和雅音。其音演暢五根、五力❹、七菩提分❺、八聖道分❻如是等法。其土衆生，聞是音已，皆悉念佛、念法、念僧。

舍利弗，汝勿謂此鳥，實是罪報所生❼。所以者何？彼佛國土，無三惡道。舍利弗，其佛國土，尚無惡道之名，何況有實？是諸衆鳥，皆是阿彌陀佛，欲令法音宣流，變化所作。

舍利弗，彼佛國土，微風吹動，諸寶行樹，及寶羅網，出微妙音，譬如百千種樂，同時俱作。聞是音者，自然皆生念佛、念法、念僧之心。舍利弗，其佛國土，成就如是功德莊嚴。

舍利弗，於汝意云何？彼佛何故號阿彌陀？舍利弗，彼佛光明無量，照十方國，無所障礙，是故號爲阿彌陀。又舍利弗，彼佛壽命，及其人民無量無邊阿僧祇劫❽，故名阿彌陀。舍利弗，阿彌陀佛，成佛已來，於今十劫。

又舍利弗，彼佛有無量無邊聲聞❾弟子，皆阿羅漢，非是算數之所能知。諸菩薩衆，亦復如是。舍利弗，彼佛國土，成就如是功德莊嚴。

又舍利弗，極樂國土，衆生生者，皆是阿鞞跋致❿。其中多有一生補處⓫，其數甚多，非是算數所能知之，但可以無量無邊阿僧祇說。

注釋

❶**舍利**：一說是鶖鷺，一說是春鶯。

❷**迦陵頻伽**：譯爲妙音鳥。即極樂淨土之鳥。

❸**共命之鳥**：一身兩頭的一種鳥。

❹**五根、五力**：五根，五種根本之法，即信、精進、念、定、慧；五力，由五根生出的力，即信力、精進力、念力、定力、慧力。

❺**七菩提分**：也叫「七覺分」，指七種能助菩提智慧開展的行法。七種即：擇法、精進、喜、輕安、捨、定、念。

❻**八聖道分**：又名叫八正道，即正見、正思惟、正語、正業、正命、正精進、正念、

正定。

❼**罪報所生**：按佛教三世二重六道輪迴之說，前世惡業，後世便遭投生畜生報應。

❽**劫**：梵文Kalpa的音譯，也稱「劫波」。有大、中、小三分。佛教認爲世上人的壽命有增有減，每一增（人壽自十歲開始，每百年增一歲，增至八萬四千歲）及一減（人壽自八萬四千歲開始，每百年減一歲，減至十歲），各爲一小劫，合一增一減爲一中劫。一大劫包括八十中劫。劫有成、住、壞、空四個時期。下文中「於今十劫」之「劫」，即指大劫。

❾**聲聞**：梵文Srāvaka的意譯，此處指直接聽聞佛說教的弟子。

❿**阿鞞跋致**：意爲「沒有退轉」。佛教認爲修行很難，有「一進九退」之說。到阿鞞跋致位即不退轉。不退轉有三種：位不退、行不退、念不退。

⓫**一生補處**：一生一世便修成正等正覺，候補佛位的菩薩，如彌勒、觀自在菩薩等。

譯文

佛又說道：舍利弗，衆生聽到上述西方極樂世界種種殊勝，應該發出願心，願往生到西方極樂世界。爲什麼勸人發願往生極樂世界呢？因爲到了那裏，就能夠和那麼多的善根深厚的大德會聚在一起，同精進佛業，共相切磋。舍利弗，假如缺少善根和福德因緣，就不能往生到西方極樂世界。舍利弗，如果有善男子、善女人，聽到有人說到阿彌陀佛，就執持阿彌陀佛的名號，或者一天，或者兩天，或者三天，或者四天，或者五天，或者六天，或者七天，只要專心致志，一心不亂地念佛，那麼這個人在走到生命盡頭時，阿彌陀佛就會與其他好多菩薩一起，顯現在他面前。當他臨終之時，一定會心智清朗，毫不顚三倒四，也一定會神識安詳地即刻往生到阿彌陀佛所在的極樂世界。

舍利弗，我見到這種只要一心念佛就能往生到西方極樂世界的殊勝利益，所以才陳說要一心念佛的話語。如果有衆生，聽到我的這些話語，就應當發出心願，往生西方極樂世界。

舍利弗，像我現在之所以讚美謳歌阿彌陀佛，是因爲阿彌陀佛功德無量，不可思議，利益無邊，難以形容。在這個娑婆世界的東面，也有阿閦鞞佛、須彌相佛、大須彌佛、須彌光佛、妙音佛等等，這些佛的數目像恆河之沙一樣多得無法計數。他們各在自己的佛國土裏，現出廣長舌相，遍覆三千大千世界，他們發出至誠的宣說：你們這些眾生，應當相信經文裏所稱讚的不可思議的無量功德，相信此經是一切諸佛所護持、憶念不忘的佛經。

原典

舍利弗，眾生聞者，應當發願，願生彼國。所以者何？得與如是諸上善人，俱會一處。舍利弗，不可以少善根福德因緣❶，得生彼國。舍利弗，若有善男子、善女人，聞說阿彌陀佛，執持名號，若一日、若二日、若三日、若四日、若五日、若六日、若七日，一心不亂，其人臨命終時，阿彌陀佛，與諸聖眾，現在其前。是人終時，心不顛倒，即得往生阿彌陀佛極樂國土。

舍利弗，我見是利，故說此言。若有眾生，聞是說者，應當發願，生彼國土。

舍利弗，如我今者，讚歎阿彌陀佛不可思議功德之利，東方亦有阿閦鞞佛❷、須彌相佛❸、大須彌佛❹、須彌光佛❺、妙音佛❻，如是等恆河沙數❼諸佛。各於其國，出廣長舌相，遍覆三千大千世界。說誠實言，汝等眾生，當信是稱讚不可思議功德，一切諸佛所護念經。

注釋

❶**善根福德因緣**：善根，指菩提正道；福德，指持戒參禪等。善根爲因，福德爲緣。

❷**阿閦鞞佛**：梵語，此云無動，不被煩惱四魔違順等動故。

❸**須彌相佛**：謂金容尊狀若須彌。

❹**大須彌佛**：謂諸相甚大如大山王。

❺**須彌光佛**：大如山王身光故。

❻**妙音佛**：其聲微妙清澈遠聞。

❼**恆河沙數**：恆河數者，梵云殑伽，訛略云恆河，是河神之名。經中說河沙爲喻。無熱惱池出四大河，此河即一也。由具五義。一由沙多，二由世人共爲福水入洗罪滅投死生天，三雖經劫壞名字常在，四佛多近此宣說妙法，五衆人共委，故多爲喻仍取。

譯文

舍利弗，在我們這個世界南面的南方世界，有日月燈佛，名聞光佛，大燄肩佛，須彌燈佛、無量精進佛等等，這些佛的數目像恆河之沙一樣多得無法計數。他們各在自己的佛國土裏，現出廣長舌相，遍覆三千大千世界，他們發出至誠的宣說：你們這些衆生，應當相信經裏稱讚的不可思議的功德，相信此經是一切諸佛所護持、憶念不忘的佛經。

舍利弗，在我們這個世界西面的西方世界，有無量壽佛、無量相佛、無量幢佛、大光佛、大明佛、寶相佛、淨光佛等等，這些佛的數量猶如恆河之沙一般多得不可計數。他們各在自己的佛國裏，現出廣長舌相，遍覆三千大千世界，他們誠懇地宣說：你們這些衆生，應當相信經裏稱讚的不可思議的功德，相信此經是一切諸佛所護持、憶念不忘的佛經。

舍利弗，在我們這個世界北面的北方世界，有燄肩佛、最勝音佛、難沮佛、日生佛、網明佛等等，這些佛的數目，像那恆河之沙一樣不可勝數。他們各在自己的佛國土裏，現出廣長舌相，遍覆三千大千世界。他們誠懇地宣說：你們這些衆生，應當相信經裏稱讚的不可思議的功德，相信此經是一切諸佛所護持、憶念不忘的佛經。

舍利弗，在我們這個世界下面的下方世界，有師子佛、名聞佛、名光佛、達摩佛、法幢佛、持法佛等等，這些佛的數目像恆河之沙那樣多得無法計數。他們各在自己的佛國土裏，現出廣長舌相，遍覆三千大千世界。他們發出至誠的宣說：你們這些衆生，應當相信經裏稱讚的不可思議功德，相信此經是一切諸佛所護持、憶念不忘的佛經。

舍利弗，在我們這個世界上面的上方世界，有梵音佛、宿王佛、香上佛、香光佛、大燄肩佛、雜色寶華嚴身佛、娑羅樹王佛、寶華德佛、見一切義佛、如須彌山佛等等。這些佛的數目像恆河之沙那樣多得無法計數。他們各在自己的佛國土裏，現出廣長舌相，遍覆三千大千世界。他們發出至誠的宣說：你們這些衆生，應當相信經裏稱讚的不可思議功德，相信此經爲一切諸佛所護持、憶念不忘的佛經。

原典

舍利弗，南方世界有日月燈佛❶、名聞光佛❷、大燄肩佛❸、須彌燈佛❹、無量精進佛❺，如是等恆河沙數諸佛。各於其國，出廣長舌相，遍覆三千大千世界。說誠實言，汝等衆生，當信是稱讚不可思議功德，一切諸佛所護念經。

舍利弗，西方世界有無量壽佛、無量相佛❻、無量幢佛❼、大光佛❽、大明佛❾、寶相佛❿、淨光佛⓫，如是等恆河沙數諸佛。各於其國，出廣長舌相，遍覆三千大千世界。說誠實言，汝等衆生，當信是稱讚不可思議功德，一切諸佛所護念經。

舍利弗，北方世界有燄肩佛、最勝音佛⓬、難沮佛⓭、日生佛⓮、網明佛⓯，如是等恆河沙數諸佛。各於其國，出廣長舌相，遍覆三千大千世界。說誠實言，汝等衆生，當信是稱讚不可思議功德，一切諸佛所護念經。

舍利弗，下方世界有師子佛⓰、名聞佛⓱、名光佛⓲、達摩佛⓳、法幢佛⓴、持法佛㉑，如是等恆河沙數諸佛。各於其國，出廣長舌相，遍覆三千大千世界。說誠實言，汝等衆生，當信是稱讚不可思議功德，一切諸佛所護念經。

舍利弗，上方世界有梵音佛㉒、宿王佛㉓、香上佛㉔、香光佛㉕、大燄肩佛、雜色寶華嚴身佛㉖、娑羅樹王佛㉗、寶華德佛㉘、見一切義佛㉙、如須彌山佛㉚，如是等恒河沙數諸佛。各於其國，出廣長舌相，遍覆三千大千世界。說誠實言，汝等衆生，當信是稱讚不可思議功德，一切諸佛所護念經。

注釋

❶**日月燈佛**：身光智光內外俱照故。

❷**名聞光佛**：有大名聞光照內外，或聞名見光生覺悟故。

❸**大燄肩佛**：身光發焰出於肩故，或肩者齊也，即身光智光皆發焰齊也。

❹**須彌燈佛**：身光如燈焰有破暗故。

❺**無量精進佛**：利樂有情也。

❻**無量相佛**：相好無量故。

❼**無量幢佛**：身量功德高而復峻猶如幢也。

❽**大光佛**：身智二光，無不照故。

❾**大明佛**：得佛三明無不知故。即正遍知也。

❿**寶相佛**：內外二相皆可寶重故。

⓫**淨光佛**：淨者無漏，光者身智二光，故言淨光也。

⓬**最勝音佛**：音聲美妙勝過餘故。

⓭**難沮佛**：諸魔不能阻礙故。

⓮**日生佛**：依智慧日流聲教故，或依智慧日令衆生生諸善法故。

⓯**網明佛**：施此教網令衆生生於明解故。

⓰**師子佛**：如於師子獸中自在，佛於法中自在故得此名；又世師子伏諸猛獸，佛即伏於四魔也。

⓱**名聞佛**：名振十方故。

⓲**名光佛**：聞名見光生覺悟故。

⓳**達摩佛**：達磨者梵語，此云法也。以法爲身，即有爲無爲諸法所依止故。

⓴**法幢佛**：廣開大法高峻如幢故。

㉑**持法佛**：持過去佛法付未來故。

㉒**梵音佛**：聲相美妙聞者悅心故。

㉓**宿王佛**：宿者星也，月是星中之王。佛者是十地菩薩二乘凡夫之王也。得自在故。

㉔**香上佛**：戒德馨香更無過上故。

㉕**香光佛**：馨香自遠光彩教門故。

㉖**雜色寶華嚴身佛**：心華發明自嚴飭故，或可雜色衆寶以嚴其身飭形可以美價故。

㉗**娑羅樹王佛**：如大樹王能覆蔭故，佛能覆蔭諸衆生故。

㉘**寶華德佛**：身智功德如寶可重故。

㉙**見一切義佛**：義者境也。佛具五眼見一切境故。

㉚**如須彌山佛**：福智如山巍巍高峻故。

譯文

舍利弗，你是怎麼想的？可知道爲什麼把這部經叫做《一切諸佛所護念經》？舍利弗，如果有善男子、善女人，聽了這部經後能夠拜受奉持的，或者是聽到這許多佛的名號的，這些善男子、善女人都能夠得到所有一切佛的保護憶念，都能夠獲得永不退轉的無上正等正覺。佛接著對舍利弗說：所以，你們應該相信領受我所說的話，以及一切諸佛所說的話。

舍利弗，如果有人或已經發願，或現在發願，或將來發願，要往生到阿彌陀佛西方極樂世界裏去，這些人們，無論過去，無論現在，無論將來，都可以往生到阿彌陀佛西方極樂世界，並且獲得永不退轉的無上正等正覺。所以舍利弗，那些善男子、善女人，要是有信心信念，就應該發誓願心，往生到阿彌陀佛西方極樂世界。

舍利弗，你可知道，像我現在稱讚諸佛的不可思議功德一樣，十方諸佛也在稱讚我的不可思議功德。他們這樣說道：釋迦牟尼佛，能從事那艱難困苦非常罕見的事情，能在那娑婆世界，在那劫濁、見濁、煩惱濁、衆生濁、命濁等五濁惡世中，獲得無上正等正覺，並爲那芸芸衆生，宣說這種世界上一切衆生難以相信的佛法。舍利弗，你應當知道，我在這個五濁惡世做這樣勸人念佛的難事，獲得無上正等正覺，爲了世界上一切衆生，講說這種難以相信的佛法，實在不容易。

佛宣說完了這部《阿彌陀經》，舍利弗和諸比丘僧，以及一切世間天道、人道、阿修羅等衆生，聽到佛宣講的這部《阿彌陀經》，都歡喜相信領受，對佛作禮而去。

原典

舍利弗，於汝意云何？何故名爲《一切諸佛所護念經》？舍利弗，若有善男子、善女人，聞是經受持者，及聞諸佛名者，是諸善男子、善女人，皆爲一切諸佛之所護念，皆得不退轉於阿耨多羅三藐三菩提。是故舍利弗，汝等皆當信受我語，及諸佛所說。

舍利弗，若有人已發願，今發願，當發願，欲生阿彌陀佛國者，是諸人等，皆得不退轉於阿耨多羅三藐三菩提，於彼國土，若已生，若今生，若當生。是故舍利弗，諸善男子、善女人，若有信者，應當發願，生彼國土。

舍利弗，如我今者，稱讚諸佛不可思議功德，彼諸佛等，亦稱讚我不可思議功德，而作是言：釋迦牟尼佛，能爲甚難希有之事。能於娑婆國土❶，五濁惡世❷，劫濁、見濁、煩惱濁、衆生濁、命濁中，得阿耨多羅三藐三菩提。爲諸衆生，說是一切世間難信之法。舍利弗，當知我於五濁惡世行此難事，得阿耨多羅三藐三菩提，爲一切世間說此難信之法，是爲甚難。

佛說此經已，舍利弗及諸比丘，一切世間天、人、阿修羅等❸，聞佛所說，歡喜信受，作禮而去。

注釋

❶**娑婆國土**：又稱「堪忍世界」，指釋迦牟尼佛進行教化的現實世界。

❷**五濁惡世**：同指現實世界。劫濁，整個世界災難不斷；見濁，衆生持邪惡見解；煩惱濁，衆生具有貪、瞋、癡等諸煩惱；衆生濁，衆生不持禁戒；命濁，衆生壽命極短。

❸**天、人、阿修羅等**：實際上包括人間所有的八部六道。

源流

淨土三經是淨土思想的宗經寶典，故歷史上對三經的譯介、注疏、研習、弘傳代有其人，從未間斷。從某種意義上說，淨土法門之所以在後世湧現浩蕩之流，是與淨土三經之譯介及廣爲傳布分不開的。有鑑於此，對淨土三經的注疏傳譯之源流做一系統的梳理。對於了解淨土思想的發展歷程是很有助益的。

《無量壽經》被譯介到中國之前，在印度似已頗爲流行，世親菩薩造的《無量壽經優婆提舍願生偈》，大概是依此經義而作的第一部注疏。北魏曇鸞的《往生論注》(即前書的注解)中，也說明是正依此經。從南北朝以來，此經在中國盛行弘通。北齊地論宗靈裕，隋淨影寺慧遠，嘉祥寺吉藏，唐西明寺圓測，以及璟興、法位、玄一，乃至清代彭際清等均對此經加以疏釋。

《無量壽經》過去在朝鮮、越南也傳習頗盛。尤其是日本由於淨土宗開創者源空、眞宗創立者親鸞均專依此經發揮他力易行念佛的宗義，對於此經的弘揚更是顯著。

中土對此經的主要注疏，現存的有二：

(一)《無量壽經義疏》二卷，隋京師淨影寺沙門慧遠撰疏。簡稱淨影疏。

(二)《無量壽經義疏》(與上同名)　唐嘉祥寺吉藏撰。簡稱吉藏疏。

朝鮮（新羅國）有憬興、元曉兩家注疏本，也在中土流通。

㈠《無量壽經義述文贊》三卷，新羅國沙門憬興著。簡稱憬興疏。

㈡《無量壽經宗要》一卷，新羅國黃龍寺沙門元曉撰。元曉曾入唐遊學，還後，化振海東。其疏簡稱海東疏。

㈢《遊心安樂道》也是元曉撰，是淨宗古佚十書之一。

在日本，《無量壽經》的注疏不下二十餘種：

㈠《無量壽佛贊鈔》一卷，興福寺善珠作。

㈡《無量壽經述義》三卷，最澄集。

㈢《無量壽經私記》一卷，智景作。

㈣《無量壽經義苑》七卷，紀州總持寺南楚作。

㈤《無量壽經略箋》八卷，享保五年洛東禪林寺院溪作。

㈥《無量壽經鈔》七卷，望西樓了惠作。

㈦《無量壽經直談要註記》二十四卷，永享四年增上寺西譽作。

㈧《無量壽經見聞》，良榮作。

㈨《無量壽經科玄概》一卷，小倉西吟作。
㈩《無量壽經會疏》十卷，越前勝授寺峻諦作。
㈩㈠《無量壽經開義》六卷，平安西福寺惠空作。
㈩㈡《無量壽經貫思義》三卷，薏州理圓作。
㈩㈢《無量壽經顯宗疏》十七卷，江州性海無涯作。
㈩㈣《無量壽經要解》三卷，法霖作。
㈩㈤《無量壽經講錄》十卷，紀州磯肋安樂寺南麟作。
㈩㈥《無量壽經梵響記》六卷，靈鳳作。
㈩㈦《無量壽經眼髓》十一卷，攝州定專坊月溪作。
㈩㈧《無量壽經義記》五卷，堺華藏庵惠然作。
㈩㈨《無量壽經海渧記》二十卷科二卷，攝州小曾禰憲榮泰岩作。
㈡㈩《無量壽經永安錄》十三卷，薏報専坊慧雲作。
㈡㈠《無量壽經甄解》十八卷，道隱作。
㈡㈡《無量壽經合贊》四卷，觀徹作。

另外對《無量壽經》的校會本加以注釋的有三種：

㈠《無量壽經起信論》三卷，清初彭際清作。

㈡《無量壽經箋注》，清末丁福保作。

以上兩種所注的是彭際清節校的《無量壽經》。

㈢《佛說摩訶阿彌陀經衷論》，清光緒正定王耕心作。所注的是魏源會譯本《無量壽經》。

現今佚傳的《無量壽經》注疏有：

㈠靈裕的《無量壽經義疏》二卷。

㈡知玄的《無量壽經疏》三卷。

㈢法位的《無量壽經義疏》二卷。

㈣圓測的《無量壽經疏》三卷。

㈤大賢的《古迹記》一卷。

㈥義寂的《無量壽經疏》三卷。

㈦寂證的《無量壽經述義》三卷。

下面我們再談及《觀無量壽經》。

《觀無量壽經》的梵文原本早已佚失，藏文未有譯本。近世新疆發現有維吾爾文譯本，日本西本願寺藏有此本片斷。英文譯本有日本高楠順次郎於一八九四年依據漢文劉宋譯本譯出的譯本，收於《東方聖書》四十九卷中。

此經自從劉宋畺良耶舍譯出以後，這一觀念往生的法門便日見弘通。隨唐以後，各宗的著名大師如慧遠（地論宗）、智顗（天臺宗）、吉藏（三論宗）、善導（淨土宗）、懷感（慈恩宗）、澄觀（賢首宗）、元照（律宗）等都加以尊重奉持並廣事疏講。其中善導的疏尤爲深入、廣泛發揮了觀經的含義。

現存的《觀無量壽經》的注疏有：

(一)隋慧遠的《觀無量壽經義疏》二卷。

(二)隋智顗的《觀無量壽佛經疏》一卷。

(三)隋吉藏的《觀無量壽經義疏》一卷。

(四)唐善導的《觀無量壽經疏》四卷。

(五)唐法聰的《觀無量壽經記》一卷。

㈥宋元照的《觀無量壽經義疏》三卷。

㈦宋戒度的《觀無量壽經義疏正觀記》三卷，《觀無量壽經扶新論》一卷。

㈧宋知禮的《觀無量壽經疏妙宗鈔》六卷，《觀無量壽經融心解》一卷。

㈨明傳燈的《觀無量壽佛經圖頌》一卷。

㈩清續法的《觀無量壽經直指疏》二卷。

⑪清彭際清《觀無量壽佛經約論》一卷。

⑫清楊仁山《觀無量壽經略論》一卷。

現今佚傳的有名的觀經注疏，有唐道綽的《玄義》一卷，懷感的《玄義》二卷，《疏》二卷，璟興的《疏》二卷，惠苑的《義記》一卷，澄觀的《疏》一卷，宋智圓的《刊正記》二卷，宋擇英的《淨土修證義》二卷，宋用欽的《白蓮記》四卷等。

下面再談談《阿彌陀經》。

此經約編纂於公元一世紀，成書於阿彌陀佛信仰盛行的北印度地區。《阿彌陀經》的梵文本，曾於一八八一年由英國馬克斯‧繆勒與日本南條文雄在倫敦加以刊行，並於一八九四年將它譯為英文本。收於由馬克斯‧繆勒於一八七五年編輯出版的《東方聖書》第四十九卷中。由於梵本的刊行，日本遂掀起研究的熱潮。南條文雄、獲原雲來、椎尾辨匡、河口慧海等依據梵、漢、藏文譯出數種日文本，藤波一如著有日、英、漢、朝鮮四國語譯的梵文《阿彌陀經》。

此經的漢譯本於姚秦弘始四年（公元四〇二年）由鳩摩羅什譯出。譯後有兩種異譯本，一是劉宋孝武帝孝建初年（公元四五四——四五六年）求那跋陀羅所譯的《小無量壽經》一卷，早已散佚，現僅存咒文與利益文；二是唐高宗永徽元年（公元五六〇年）玄奘所譯的《稱讚淨土佛攝受經》一卷，現存。

由於此經在中土以羅什譯本弘傳最盛，因而古來各家多據此本從事疏講弘通。現存的重要注疏有：

㈠隋智顗的《阿彌陀經義記》一卷。

㈡唐慧淨的《阿彌陀經義述》一卷。

㈢唐窺基的《阿彌陀經疏》一卷，《阿彌陀經通贊疏》三卷。

㈣宋智圓的《阿彌陀經疏》一卷。

㈤宋元照的《阿彌陀經義疏》一卷。

(六)宋戒度的《阿彌陀經義疏聞持記》三卷。
(七)元性澄的《阿彌陀經句解》一卷。
(八)明大佑的《阿彌陀經略解》一卷。
(九)明傳燈的《阿彌陀經略解圓中鈔》二卷。
(十)明袾宏的《阿彌陀經疏鈔》四卷。
(十一)明大慧的《阿彌陀經已決》一卷。
(十二)明智旭的《阿彌陀經要解》一卷。
(十三)清徐槐廷的《阿彌陀經疏鈔擷》一卷。
(十四)清淨挺的《阿彌陀經舌相》一卷。
(十五)清續法的《阿彌陀經略注》一卷。
(十六)清彭際清的《阿彌陀經約論》一卷。

史上有載而現已佚傳的《阿彌陀經》注疏有：

(一)姚秦僧肇的《阿彌陀經義疏》一卷。
(二)唐智首的《阿彌陀經鈔》二卷。

㈢唐湛然的《阿彌陀經決十疑》一卷。
㈣宋智圓的《阿彌陀經西資鈔》一卷等。
㈤宋仁岳的《阿彌陀經新疏》二卷，《阿彌陀經新疏指歸》二卷等。
朝鮮古德對於此經的注疏有：
㈠新羅圓測的《阿彌陀經疏》一卷。
㈡元曉的《阿彌陀經疏》一卷。
㈢道論的《阿彌陀經疏》一卷。
㈣璟興的《阿彌陀經略記》一卷。
㈤玄一的《阿彌陀經疏》一卷。
㈥太賢的《阿彌陀經古迹記》一卷。
日本古德對此經的注疏有：
㈠源信的《阿彌陀經大意》一卷，《阿彌陀經略記》一卷。
㈡源空的《阿彌陀經釋》一卷。
㈢聖聰的《阿彌陀經直談要注記》八卷等。

順著淨土思想的發展脈絡，我們有必要了解淨土思想發展史上的重要人物在疏理研究淨土典籍，及闡釋弘揚淨土思想方面所作出的貢獻，這樣可以有助於我們理解在佛教中國化的背景下，淨土思想是怎樣成爲中國傳統文化組成部分的。

中土的往生淨土法門，起於東晉潛青山竺法曠（公元三二七——四〇二年），《高僧傳》卷五說他「每以《法華》爲會三之旨，《無量壽》爲淨土之因，常吟詠二部，有衆則講，獨處則誦」。稍後，慧遠於廬山結白蓮社，開創淨業。慧遠被後世尊爲蓮宗（淨土宗）初祖。慧遠圓寂後，專修淨土法門的雖不乏其人，但到東魏的曇鸞才有較大的發展，從而奠定了後世淨土立宗的基礎。

曇鸞（公元四七六——五四二年），雁門人，家近五臺，出家後窮研佛典，恨其艱深，因而注解，因病停筆，周行山西南部、陝西咸陽一帶，受到道教神仙方術影響，而遊江南，往見陶弘景，北歸至洛陽，遇名僧菩提流支，得《觀無量壽經》，從此一心歸向彌陀淨土，廣爲傳播。

因他年輕時代就明白佛典「詞義深密，難以開悟」，所以他對彌陀淨土信仰的最大貢獻在於對彌陀淨土經典作出通俗的解釋，並簡化修行方法。他留世的主要有關淨土經典的著述有：

㈠《無量壽經優婆提舍願生偈注》（簡稱《往生論注》）二卷。

㈡《略論安樂淨土義》一卷。

㈢《讚阿彌陀佛偈》一卷。

其中，《讚阿彌陀佛偈》，有七言偈一百九十五行，是根據《無量壽經》讚詠阿彌陀佛及其淨土的功德，所以又稱《無量壽經奉讚》或《大經奉讚》。

《略論安樂淨土義》是用問答的體裁，把有關彌陀安樂淨土的三界攝否、莊嚴多少、往生輩品、邊地胎生、五智疑惑、度與不度、十念相續等問題，作了總別九番回答，並一一加以說明。曇鸞在《略論安樂淨土義》中認爲：西方安樂淨土「非三界所攝」。三界即欲界、色界、無色界。因爲淨土無欲「故非欲界」；地居西方極樂世界，「故非色界」；而淨土世界有形色，「故非無色界」。因爲非三界所攝，所以往生淨土的人，就無「輪迴三有」之事。這裏曇鸞正是闡揚了菩提流支授給他《觀無量壽經》時所說的「此大仙方，依此修行，當得解脫生死」的觀點，可見解脫生死是曇鸞及其門衆修行西方淨土的出發點，也是曇鸞向信衆宣揚淨土利益的主要內容。（參見

《略論安樂淨土義》，載《大正藏》卷四十七）

曇鸞爲了闡釋淨土三經，普及西方淨土信仰，使之簡單明了，以問答的形式論述經義。他在《略論安樂淨土義》中，他把《無量壽經》的三輩因緣說和《觀無量壽經》的九品說相比較，拋棄九品說，向信衆陳說簡化的信條，從而使往生淨土的條件更易於接受。

「上輩生者有五因緣：一者，捨家離欲而作沙門。二者，發無上菩提心。三者，一向專念無量壽佛。四者，修諸功德。五者，願生安樂國。

「中輩生者有七因緣：一者，發無上菩提心。二者，一向專念無量壽佛。三者，多少修善奉持齋戒。四者，起立塔像。五者，飯食沙門。六者，懸繒然燈，散花燒香。七者，以此回向願生安樂。

「下輩生者有三因緣：一者，假使不能作諸功德，當發無上菩提心。二者，一向專意乃至十念無量壽佛。三者，以至誠心願生安樂。」（見《略論安樂淨土義》）

在這裏，曇鸞把《觀無量壽經》和《無量壽經》的部分經義作了巧妙揉合，更加突出了中土淨土信仰簡單易行的特徵。

對於不願出家，又無力建塔修像、布施齋僧的普通信衆，曇鸞闡述了「十念相續」的教義：「若念佛名字，若念佛相好，若念佛神力，若念佛功德，若念佛智慧，若念佛本願。無他心間雜，心心相次，乃至十念，名爲十念相續。……又宜同志五三，共結言要，垂命終時，疊相開曉，爲稱阿彌陀佛名號，願生安樂，聲聲相次，使成十念也。」（《略論安樂淨土義》）

《觀無量壽經》與《無量壽經》相比，觀經的一觀乃至十六觀重複相疊，不易接受。而曇鸞不強調觀想念佛，而強調信仰專一，提倡口稱念佛，以及一種濃烈的熾烈的崇拜氣氛，這是使西方淨土信仰從般若學及坐禪觀想獨立出來的重大步驟。正是這種作法，淨土經典及其信仰廣爲盛行。自唐代道綽以後，持名念佛，成爲淨土宗人最爲通行的修行方法。

曇鸞的《往生論注》，更是集中表現了他對淨土經典的理解以及他對淨土義理的發展。

《往生論》是公元五世紀時，印度世親晚年依《無量壽經》而作《願生偈》，並造長行引申述釋，全名叫《無量壽經優婆提舍願生偈》，也稱《無量壽經論》。北魏普泰元年（公元五三一年）由菩提流支譯成漢文，曇鸞專宗淨土後，注釋此論，以弘揚淨土宗典籍。

《往生論注》分為兩大部分：上卷解釋偈頌，為總說分；下卷解釋長行，為解義分。

總說分釋五念門，即是往生淨業的業因：㈠禮拜門，㈡讚歎門，㈢作願門，㈣觀察門，㈤回向門。偈頌第一行四句偈含最初三念門，第三行盡二十三行是觀察門，末後一行是回向門。全書重點在觀察一門。其中初觀察器世間清淨，有十七種莊嚴功德成就。其次觀衆生世間清淨，其中觀阿彌陀如來有八種莊嚴功德成就，又觀諸菩薩有四種莊嚴功德成就。彌陀淨土具備了上述二十九種莊嚴功德成就。

解義分立十科：㈠願偈大意，㈡起觀生信，㈢觀行體相，㈣淨入願心，㈤善巧攝化，㈥離菩提障，㈦順菩提門，㈧名義攝對，㈨願事成就，㈩利行滿足。

曇鸞在書中弘闡發揮了許多特殊見解。他在論注的卷頭即引龍樹菩薩《十住毘婆沙論》說明菩薩欲求阿毘跋致（即不退轉法）有難行、易行二道。接著發揮：在五濁惡世無佛之時求阿毘跋致，因為沒有他力可持，所以難得不退轉地，屬難行道；反之一心稱念佛號，憑藉阿彌陀佛弘誓大願，往生淨土，是易行道。難行道好比陸路行走，「唯持自力」無可憑靠；易行道好比水路乘船，借佛願力，有所依憑。

曇鸞在《往生論注》中強調依佛本願力，是發揮了《無量壽經》的思想。他在《往生論注》卷下說明阿彌陀佛本願力的殊勝和修五念門以自利利他，可以速得成就阿耨多羅三藐三菩提，其要點在以彌陀如來爲增上緣。以阿彌陀如來四十八願（或二十四願）中的第十一、第十八、第二十二，三大本願爲中心的他力本願，發揮了彌陀淨土寶典的蘊奧。後來唐代善導所發揮的彌陀本願論，就是祖述曇鸞此說的。

曇鸞在《往生論注》中還提出了兩種回向的見解。書中指出修行人須要有兩種回向，一是往相回向，一是還相回向。以自己的功德回施一切衆生，叫做往相回向。生淨土之後得到奢摩他和毘婆舍那（止觀），成就方便力，回入生死稠林，弘揚佛法，叫做還相回向。

總之，曇鸞在闡釋弘傳淨土經論的過程中，注重淨土信仰的簡易化、通俗化，注重契合中土崇尙簡易的文化傳統，也注重契合中土信衆的實際心態，爲淨土經典廣爲理解、淨土信仰廣爲盛行做出了先驅性的工作，爲淨土經論的演繹流程做出了重要貢獻。

曇鸞之後，闡釋弘傳淨土三經者有淨影（寺名）慧遠、智顗、吉藏等。淨影慧遠著《無量壽經疏》二卷，《觀經義記》一卷，智顗著《觀經疏》二卷，《阿彌陀經義記》一卷。吉藏著《無量壽經義疏》等。但堪繼承曇鸞之淨土系統者，唯隋唐間的道綽。

道綽著有《安樂集》，大張淨土經典的精義，所謂《安樂集》，乃是道綽講《觀無量壽經》時的別記。

道綽（公元五六二——六四五年），俗姓衛，并州（今山西太原）汶水人。隋大業五年（公元六〇九年），他到汶水石壁玄中寺。寺為曇鸞所建立，他見到記載曇鸞念佛往生種種瑞應的碑文極為感動，於是修習淨土行業，一心專念阿彌陀佛，觀想禮拜，精勤不斷。並為信衆開講《觀無量壽經》約二百遍，詞旨明暢，辯才無礙。每當他講經散席，大衆歡喜讚歎，念佛聲音響徹林谷。道綽每日自己念佛，以七萬遍為限。他並廣勸道俗信衆稱念阿彌陀佛名，以麻、豆等記數，每一稱名便下一粒，念念相次，累積得數百斛。他的著作，現存的有《安樂集》上下二卷。此外日本的《東域傳燈目錄》，別出他的《觀經玄義》一卷，現已不傳。

作爲講《觀無量壽經》的別記，《安樂集》主旨不外發揮經義。本書以重視經證爲特色，廣泛引用《觀無量壽經》、《無量壽經》、《阿彌陀經》等淨土經典及佛門其他諸經，弘闡淨土思想。後來他的弟子善導作《觀經疏》（即《四帖疏》）就以此爲基礎。

本書分十二大門，每門有一番至九番料簡，共三十八番料簡，皆引經論證明勸信往生。

第一大門中有九番料簡，主要說明淨土法門易修易證應時應機而廣勸修學，並說明《觀無量壽經》、《觀佛三昧經》等以觀佛三昧、念佛三昧爲宗，念佛三昧是一切三昧中王。又說明阿彌陀佛極樂國土是報身報土，阿彌陀淨土的地位通於上下，上至菩薩，下至凡夫，都可以往生，而且彌陀淨國的領域還超出三界等。

第二大門三番料簡，主要說明凡要往生淨土的人，須先發菩提心並批評大乘中人對於無相的偏執異見和認爲淨土法門是別時意語等。

第三大門四番料簡，主要是教相判釋並顯示全書的正旨：初明難行易行二道和自力他力兩種法門而說明淨土教法他力易行。接著說明劫時大小不同，然後對大乘佛教分作聖淨二門。引用淨土經典說明有此難易二門的原因。最後進一步徵引經典證明勸信往生，以下各門，根據此門所判分別解說。

第四大門三番料簡，主要在引證中國高僧所行的淨土法門作為示範，並說明諸經多明念佛三昧，行此念佛三昧必獲種種利益。

第五大門四番料簡，主要說明難行道須修行萬劫；易行道淨土法門隨壽長短，一生即可至「不退位」。此土修禪全靠自力，難入易退；彼土修習禪觀有佛力護持，階位不退等。

第六大門三番料簡，主要說明十方淨土惟此安樂世界最為殊勝，並說釋迦佛正法、像法、末法的年代，最後諸經隨滅，特留此經止住百年，所以應立志求往。

第七大門兩番料簡，主要說明此土的厄縛和彼土的解脫，以及此土和彼土修道用功輕重和獲報眞偽的比較，而勸修淨土。

第八大門三番料簡，主要引經證明，並提出彌陀、釋迦和安樂世界、娑婆世界的比較，從而勸捨此土，祈求往生。

第九大門兩番料簡，說明在此娑婆世界雖有苦樂二報，但苦少樂多；彌陀淨土則有善無惡，有樂無苦。又此土壽命大期大過百年，彌陀淨土則壽命長遠不可思議。

第十大門兩番料簡，引經證明西方淨土不可思議。此土衆生修行艱難且緩，諸佛大悲，勸以所修諸業回向西方以成大益。

第十一大門兩番料簡，勸一切衆生依善知識作向西意，並說明淨土受生的殊勝。

第十二大門一番料簡，勸一切衆生往生西方，並作頌總結，以功德回向一切。

在書中，作者以淨土經典爲依據，向人們展示淨土法門佛性平等、簡便易行等種種特徵，一方面弘揚了教旨，一方面又爭取了信衆。特別是第一大門中阿彌陀淨土的地位通於上下，凡夫菩薩都可以往生的說法，與中土提倡衆生平等的文化傳統吻合，再加上進一步宣揚淨土法門是易行道，所以增強了各個階層的人們對往生極樂淨土的信心。

《安樂集》撰述的主要宗旨在破除異義，顯示淨土法門的正宗教義。隋、唐之際，一般人對淨土有兩種看法：首先以爲淨土觀像稱名是墮於有相之見；其次認爲《觀無量壽經》十念成就之說是別時意趣。當時的大德如地論、三論、天臺諸師雖然都講說《觀無量壽經》並有所撰述，但大都各弘本宗，不過以淨土為輔。他們解釋經義，都囿於自己的宗門教義。例如淨影、嘉祥諸師都主張彌陀淨土為化身化土。天臺又分淨土為四類，實際上都是三身三土的變相，不過隨往生者的品類而別。道綽認為這些說法非淨土本宗之義，因而分別加以料簡。

《安樂集》在弘闡淨土經典、彰顯淨土教義方面表現出幾點比較突出的思想，從而發展了淨土宗義。這幾點是：㈠聖淨二門，㈡十念成就，㈢末法思想。

《安樂集》將佛的教法分為聖道、淨土二門。聖道門非末法鈍根衆生所能悟證，只有淨土門簡要易行，乘佛的本願力即能往生淨土。所以他一生宣揚淨土法門。

《安樂集》中的「十念成就」說，出自《觀無量壽經》：「佛說下愚凡夫，現造重惡罪，臨命終時遇善知識，十念成就即得往生。」這種說法，當時通行的看法是別時意趣，認為臨終十念只得作往生之因，並非立即得以往生淨土。道綽在第三大門第三番料簡中，著重說十念相續稱佛名字一定能夠往生，因為佛的本願在以名號攝受衆生，衆生稱名就可以與佛願相應。道綽在書中廣引諸經證明念佛三昧的不可思議的功德，繼承發揮了曇鸞的思想。研究者認為道綽對淨土宗形成的最大貢獻是以口稱念佛基本取代了觀想念佛，使淨土信仰在廣大僧俗信衆中更加普及。

在《安樂集》中，道綽還闡揚了末法思想，證明淨土信仰的必要性。佛滅五百年後，中印度佛教徒遭受了迫害。一部分大乘學徒以此爲背景，就有了佛正法入了末期的說法，強調未來的希望，於是西方淨土的信仰逐漸抬頭。中國淨土宗的勃興和印度相似，仍以時代動亂佛法被摧殘爲背景。在北周武帝（公元五六一——五七八年）滅佛之後，佛教大受摧殘，北方原來注重實踐的佛教徒就更有末法時代的感受，另外，漢唐社會的現實苦難也使廣大信衆渴望一種安慰心靈、解脫自身的信仰，淨土他力往生的信仰的盛行成爲必然。道綽書中說：「末法時中億萬衆生起行修道，未有一人得者，當今末法五濁惡世，唯有淨土一門，可通入路。」這正說明淨土宗的信仰和末法思想的密切的關係，在此末法時代，只有淨土一門才是唯一的出離求解脫之路。

直接師承於道綽的淨土系統並進而對淨土典籍大加發揚光大者，是唐代的善導大師。

善導也稱光明和尙，隋大業九年（公元六一三年）生，唐永隆二年（公元六八一年）圓寂。起初誦《法華》、《維摩》，後依《觀無量壽經》專修十六觀。唐貞觀年間曾親見道綽講《觀無量壽經》，聽後大喜曰：「此入佛之津要也，修餘行業，迂僻難成，惟此法門，速超生死！」隨後道綽授以觀經奧義，於是善導發奮勤學，晝夜禮誦，爲人講說淨土法門三十餘年，寫彌陀經十萬卷，畫淨土變相三百壁，隨其教化的人成千累萬，不可勝數。善導闡揚淨土經典的主要著作有：

㈠《觀無量壽佛經疏》，又稱《觀經四帖疏》四卷。

㈡《淨土法事讚》二卷。

㈢《觀念阿彌陀佛相海三昧功德法門》一卷。

㈣《往生禮讚偈》一卷。

㈤《依觀經等明般舟三昧行道往生讚》一卷。

他的《觀經四帖疏》是通盤解釋劉宋畺良耶舍所譯的《觀無量壽佛經》的著作，書中主要敍述淨土法門的教相教義。《觀經四帖疏》傳去日本，到了十二世紀時，原出身於日本比叡山天臺宗的源空（公元一一三三——一二一二年），即依這一《經疏》的散善義，著《選擇本願念佛集》等，宣揚專修念佛的淨土教，開創了日本的淨土宗，並尊善導爲高祖。公元一九〇九年，日本學者橘瑞超等，於東土耳其斯坦吐峪溝

（爲高昌故址）附近，發現《往生禮讚偈》及《阿彌陀經》之斷片，後者附有善導的發願文，估計是他書寫的十萬卷之一。

《往生禮讚偈》也稱《六時禮讚偈》，說明晝夜六時禮讚彌陀及觀世音、大勢至的儀式。

《淨土法事讚》上卷標題爲《轉經行道願生淨土法事讚》，下卷標題爲《安樂行道轉經願生淨土法事讚》，說明《阿彌陀經》轉讀行道的方法。

《觀念阿彌陀佛相海三昧功德法門》，是說明觀念佛三昧的行相和入道場念佛與懺悔發願的方法。

《依觀經等明般舟三昧行道往生讚》，是依《觀無量壽經》等說明修學般舟三昧行道的方法。

善導在他的著作中，闡釋了淨土經典的精義，提出了自己獨特的見解，同時還修正了他人的一些觀點，對淨土宗作出了重要的理論貢獻。

古來關於彌陀淨土問題，有報土和化土異說。攝論師以彼土爲報土，認爲凡夫不能往生。與道綽、善導同時的迦才等認爲彼土有報土和化土兩種：地上菩薩生於報土，凡夫二乘生於化土。隋慧遠認為淨土是衆生的自業所感，隨凡聖階位而有高下之別。善導在《觀經四帖疏》等著述裏，則堅決主張彌陀淨土為報土，並認為凡夫能入彌陀報土，從而發展了曇鸞在《往生論注》，道綽在《安樂集》中的思想，促成了淨土思想史上所謂「善導流」的成立，以此樹立了淨土一宗的教法。需要說明的是，所謂善導流，是淨土教的三流之一，指代善導所立的淨土教法。善導流是由曇鸞、道綽相承而來，如前所述，曇鸞在《往生論注》中，兼及《觀無量壽經》所說的十念往生，愈能顯發曇鸞的教義。觀經所被的根機為上根之行人，身土為應化身與應土等說，只是因曇鸞而暫露曙光。其後，道綽依《觀無量壽經》撰《安樂集》一書，評破諸說謬見。其弟子善導也因諸師未解經義，視《觀經》是以觀念為主，以回向願為旨，而非直接教示凡夫往生，所以撰著《觀經四帖疏》，楷定古今，淨土教因此復興。凡夫衆生從此更為樂奉淨教，淨教也因此更在中土文化傳統中紮根。

善導在《往生禮讚偈》中認為凡夫乘著彌陀的本願力雖然能往生極樂淨土，但必須具備一定的條件——往生的正因，即所謂安心、起行和作業。安心，即具足《觀無量壽經》所說的至誠心、深心、和回向發願心，如是具足三心必得往生。起行，即起身口意三業之行。身業是禮拜阿彌陀佛。口業是稱讚彌陀及一切聖衆的身相光明及淨土莊嚴。意業是專念觀察彌陀及諸聖衆的身相光明及淨土莊嚴等。作業，就是依以下四修法策勵實行。㈠恭敬修，禮拜彌陀身心恭敬。㈡無餘修，即稱名憶念彌陀及淨土聖衆衆，不雜餘業。㈢無間修，即修行三業乃至回向發願，無有間斷。㈣長時修，即以畢命爲期，心行相續，誓不中止。

作爲中土淨土宗的正脈嫡支，善導對於他的同門先輩如淨影、慧遠、智顗、吉藏等有關淨土三經的思想見解，相違者頗多。前已記述：淨影慧遠著有《無量壽經疏》二卷，《觀經義記》一卷。智顗著有《觀經疏》二卷，《阿彌陀經義記》一卷，吉藏著有《無量壽經義疏》等。與善導的《觀經四帖疏》等相比，存在不少相左的見解。例如，對於觀經，古來諸師認爲十六觀都是定善，善導則以觀佛依、正的前後十三疏是定善，觀三輩九品往生的後三觀是散善。再以淨影慧遠爲例：就教而言，有「自力」、「他力」之異，慧遠以自定散修力往生；善導以佛願力往生。就機而言：慧遠認爲觀經九品通凡聖；善導認爲九品唯凡。慧遠認爲韋提希爲聖者，善導認爲韋提希是煩惱具足之凡夫。慧遠認爲彌陀是應身、土是應土；善導認爲彌陀是報身而非化身，彌陀淨土是報土而非化土。

總之，隨著中土淨土思想到善導時期日臻完善，對淨土經典的闡釋和發揮也日益體現佛教中國化的特色。

宋初以後，禪宗、天臺宗、律宗等學者多兼弘淨土，他們結合自宗的教義，理解、闡揚淨土經籍，從而促成了淨土思想的廣爲滲透。律宗的靈芝元照博究南山律宗，著有《觀無量壽佛經義疏》、《阿彌陀經義疏》等。

元末明初，弘揚淨土三經的有性澄、大佑、普智等。性澄（公元一二六五——一三四二年）撰《阿彌陀經句解》一卷。大佑撰有《阿彌陀經略解》一卷。普智（？——公元一四〇八年）撰有《阿彌陀經集注》一卷。

明末，雲棲袾宏（公元一五三五——一六一五年）、憨山德清（公元一五四六——一六二三年）、靈峰智旭（公元一五九九——一六五五年）等學者或唱禪淨一致，或說性相融會，或論儒佛合一，而全都以淨土爲歸宿。

袾宏，仁和人，起初參禪有省，後來住在梵村雲棲寺，常修念佛三昧，撰有《阿彌陀經疏鈔》四卷，用賢首宗言語解釋淨土經典。袾宏提倡的淨土法門仍以「持名念佛」爲中心。他撰的《阿彌陀經疏鈔》中說：「今此經者，崇簡去繁，舉約該博，更無他說。單指持名，但得一心，便生彼國，可謂愈簡愈約，愈妙愈玄，徑中徑矣。」這種觀點，與淨土宗先驅們對淨土經典的理解一脈相承。祩宏以攝心爲學佛的要道，念佛爲攝心的捷徑，並開「念佛門」、「止觀門」、「參禪門」爲方便門，而指出「念佛一門止觀雙備」，從教理上闡明禪淨的一致。他在引古德說明觀想念佛的困難而強調持名的功德說：「觀法理微，衆生心雜，雜心修觀，觀想難成。大聖悲憐，直勸專持名號。良由稱名易故，相續即生。此闡揚持名念佛之功，最爲往生淨土之要。若其持名深達實相，則與妙觀同功。」

祩宏對《阿彌陀經》的教理判釋，是採用華嚴家的主張。他認爲就教相來說，《阿彌陀經》爲頓教所攝，並且兼通前後二教（終與圓）。他說：「此經攝於頓者，蓋謂持名即生，疾超速證無迂曲故。」（《阿彌陀經疏鈔》卷一）

智旭，木瀆人，早年由儒入佛，遍涉諸宗，而以天臺宗爲主，行願則專在念佛往生，撰有《阿彌陀經要解》一卷，用天臺家言語解釋淨土教義，並選輯《阿彌陀經要解》及《西方合論》等十重弘揚淨土的著述，稱爲《淨土十要》。

智旭於淨土三經中主要所宗的就是《阿彌陀經》。他的《阿彌陀經要解》先依天臺宗五重玄義方式，說明此經以能說所說人爲名，實相爲體，信願持名爲宗，往生不退爲用，大乘菩薩藏無問自說爲教相。又以《阿彌陀經》總攝一切佛教，以信願行總攝《阿彌陀經》一經宗旨。在智旭以前，宋代遵式作《往生淨土決疑行願二門》，已包含了信願行。傳燈《生無生論》進一步提出「一念之道有三，曰信、曰行、曰願」。智旭所立信願行，即是繼承他們的主張，而加以更深細的闡發。《阿彌陀經要解》將信的內容分爲：信自（一念回心決定得生，自心本具極樂），信他（彌陀決無虛願，釋迦及六方佛決無誑語），信因（散亂稱名寧不往生，一心不亂猶爲佛種），信果（淨土諸上善人皆由念佛得生，如影隨形決無虛棄），信事（實有極樂國土，不同莊生寓言），信理（西方依正，不出現前一念心外）。願的內容是「厭離娑婆，欣求極樂」。行的內容是「執持名號，一心不亂。六字持名，念念欣欣具足，信決願切，由此就能歷九品生，淨四種土。」他主張即以執持名號爲正行，不必更涉參究。認爲參禪必不可無淨土，淨土必不可夾禪機。所以他所弘的是偏重持名的淨土法門。

站在本宗的立場上研習淨土經典，促進了中土佛教的禪淨合流以及各宗思想的融合。

清初，有長洲人彭紹昇撰有《無量壽經起信論》三卷、《觀無量壽經約論》一卷、《阿彌陀經約論》一卷等。

清末，有楊文會（仁山，公元一八三六——一九一〇年），廣究大小乘經論，而以淨土爲歸宿，常自稱：「教宗賢首，行在彌陀」，篤信淨土數十年無間斷，促成近代居士佛學的興起，開創近代刻經事業，並撰有《觀無量經略論》一卷等。

晚近有聖量（印光，公元一八六一——一九四一年）法師，專力提倡淨土，門下把他的文稿滙編成書，稱爲《印光法師文鈔》四卷。

解說

淨土是一個莊嚴清淨的世界，是一個無苦無穢的妙土。西方淨土，是淨土三經及中國淨土宗所著力宣揚的一個極樂世界，它是一塊毫無苦疾雜染、唯有法性之樂的清淨樂土。西方淨土是怎樣的一個極樂世界？何以是一個極樂世界？又如何才能追尋到這樣一個極樂世界？淨土三經所含的內容足以回答這些問題。

綜括淨土三經，它展示出這樣一幅極樂世界的概貌：在衆生居住的塵俗世界以西的十萬億佛刹，有一個世界名叫極樂。極樂國土的教主叫阿彌陀。該佛本是國王，出家後名叫法藏，對佛發願，願修成佛後，現出一個極樂淨土。這極樂淨土，實際上是展示給人們的一種宗教修行境界。在這極樂淨土，除阿彌陀佛爲教主外，還有兩大菩薩，他們分別是阿彌陀佛的左右脇侍。左脇侍爲觀世音菩薩，右脇侍爲大勢至菩薩。觀世音是專主救苦救難、濟度衆生的大慈大悲菩薩，大勢至則智慧高照、威力無邊。他們三者合稱「阿彌陀三尊」或「西方三聖」。西方三聖，以大慈大悲的心願，以平等誠實的心態，召喚一切尋求精神解脫、出離現世苦難的衆生，並教示他們往生極樂淨土的最佳途徑。

《無量壽經》主要解釋阿彌陀佛及西方極樂世界的由來。經中講到，過去很久很久以前，有一個國王，他聽佛說法之後，發願修行，便拋棄了王位，出家當了沙門，起名叫法藏。法藏比丘發了二十四個願（其他譯本或四十八願或三十六願），這二十四個願可分爲三類：㈠攝法身願，㈡攝淨土願，㈢攝衆生願。

所謂攝法身願，是指在這些願中，法藏比丘發誓如果自己能成佛，一定要莊嚴佛身，例如要壽命無量、光明無量等等。所謂攝淨土願，是指在這些願中，法藏比丘發誓如果自己能成佛，一定要建立一個什麼樣的美妙樂土，例如在這片樂土中，所有的宮殿樓觀、池水花樹都用無量雜寶及百千種香合成；一切萬物嚴淨光麗，形色美妙奇特等等。所謂攝衆生願，是指法藏比丘發誓：如果我能成佛，那麼所有的人，只要他一心信奉我，念我的名字，願意往生到我的國土，我都接引他們。該經中，法藏比丘表示：上述二十四願，只要有一願不實現，就永不成佛。

法藏比丘後來果眞成了佛，也就是阿彌陀佛，他發的願自然也都一一實現。他自己成了壽命無量、光明無邊、願力無窮的佛，建立起了一個無有衆苦、充滿諸樂的美妙淨土。無論什麼人，凡是聽聞、持念他的名號而起信仰、發誓往生到他淨土來的，他便能夠把他們全部接引到這極樂世界來繼續完成佛道。這就是西方極樂世界的由來和為什麼人只要念誦阿彌陀佛的名字就可以往生到西方淨土的原因。

這部經典中明顯蘊含了「功德回向」思想。法藏比丘積累了無量功德，成了佛，於是便可以把他積累的功德回向給那些信奉他、念誦他的名字的人，使他們都得到解脫，免受衆苦。這正體現了「他力救拔」、「自度度人」的大乘精神。在現代生活中，這種精神更能啓發人與人之間的關愛、互助，也能啓發人對社會的貢獻和責任心，並以個人修養的完善，促進整個社會文明程度的提高。

另外，這部經典中所含的「佛性平等」思想，也正是大乘佛教「一切衆生悉有佛性」精神的發揚。在極樂世界，阿彌陀佛面對一切衆生，無論聖凡賢愚，凡是聽聞、持念他的名號，而起信發願並努力修行的，他都平等無欺地接引他們往生極樂淨土。此中所展示的大乘佛理，首先是主張人在進取、超昇的過程中一切機會均等，人在往生淨土之前，雖有鈍利智愚之別，但一旦經過各自努力，都有可能成為平等佛子。這樣的思想，會進一步啓發人們平等競爭、積極進取，努力向人生的最高境界奮進。

作為一種宗教理想，這種平等思想實際上是對現實不平等、「愛有差等」的反抗，這樣思想正是張揚了人們對平等、和平的渴求。

《觀無量壽佛經》一開始講了這麼一個故事：印度摩揭陀國國王頻婆娑羅有一個太子，名叫阿闍世。他聽從了他人的教唆，把自己的父王抓起來，幽禁在七重室中，想餓死他，自己奪取王位。阿闍世的母親韋提希夫人爲了拯救頻婆娑羅王，澡浴清淨後，用酥蜜調和麵粉，抹在身上，借探視之機，偷偷地送給國王。過了一些日子，阿闍世見父親還沒有餓死，很奇怪。一追查，才知道是母親每天偷偷地送食物去給父親吃。阿闍世大怒，拔出寶劍要去殺母親。這時手下大臣勸阻道：「自古以來，殺掉自己的父親而奪取王位這樣的事屢見不鮮，不足爲怪，但從來沒有聽說過有殺母親的。如果您要殺害自己的母親，那我們就不再跟隨您了。」阿闍世聽後，打消了殺母的念頭，但他下令把母親也關起來，不讓她再去送飯。

韋提希夫人被幽禁在深宮中，淚如雨下。她向釋迦牟尼佛祈禱，乞求得到救助。這時，釋迦牟尼佛正在王舍城靈鷲山，他聽到了韋提希夫人的祈禱，便大顯神通，一下來到韋提希夫人身邊。韋提希夫人見到釋迦，拜倒在地，痛哭不已，說：「也不知是前世造了什麼惡業，我生了這麼一個兒子，我再也不想生活在這個世界上了，希望能生到清淨樂土去。」

於是佛就爲她顯現西方極樂世界並宣說三福、十六觀的往生淨土的修行方法。

這三福是：

㈠世福（孝親、敬師、戒殺、修十善業）。

㈡戒福（受持三歸、衆戒並護威儀）。

㈢行福（發菩提心、深信因果、誦大乘經並勸他修行）。

這種福業，也稱淨業正因，是往生淨土的基本條件。

這十六觀是：

㈠日想觀，又作日觀、日想。正坐西向，諦觀於日，令心堅住，專想不移。見日欲沒，狀如懸鼓，既見日已，開目閉目皆令明了。

㈡水想觀，或作水觀、水想。初見西方一切皆是大水，再起冰想，見冰映徹，作琉璃想。

㈢地想觀，又叫地觀、琉璃地觀、地想。觀想下有金剛七寶金幢擎琉璃地，地上以黃金繩雜廁間錯，一一寶各有五百色光等。

㈣寶樹觀，觀極樂國土有七重行樹，七寶花葉無不具足，一一花葉作異寶色，又一一樹上有七重網。

㈤寶池觀，又稱八功德水想、池觀。觀想極樂世界有八功德水，一一水中有六十億七寶蓮花，摩尼水流注其間演妙法。又有百寶色之鳥，常讚念佛、念法、念僧。

㈥總觀，又稱寶樓觀。作此觀想即刻成就以上五種觀法。觀想其一一界上有五百億寶樓，其中無量諸天作伎樂。又有樂器，懸處虛空，不鼓自鳴。

㈦華座觀，又作華座想。觀佛及二菩薩的華座。

㈧像觀，又作像想觀、佛菩薩像觀。是觀想一閻浮檀金色佛像坐彼華上，又觀音、勢至二菩薩像侍於其左右，各放金光。

㈨遍觀一切色身想，又叫眞身觀、佛觀、佛身觀。指觀想無量壽佛的眞身，作此想即可見一切諸佛。

㈩觀觀世音菩薩眞實色身相，又稱觀音觀、觀世音觀。觀想彌陀的脇侍觀世音菩薩。

⑾觀大勢至色身相，又稱勢至觀、大勢至觀。觀想另一脇侍大勢至菩薩。

⑿普觀想，又稱自往生觀、普往生觀。觀自生於極樂，於蓮花中結跏趺坐。蓮花

開時，有五百色光來照身，乃至佛菩薩滿虛空。

㈢雜觀想，又稱雜觀。觀丈六佛像在池水上，或現大身滿虛空。即雜觀眞佛、大身、小身等。

㈣上輩觀，也稱上輩生想。往生淨土者依其因，而有上、中、下三輩，三輩又分上、中、下三品，總爲九品。上輩觀就是觀上輩衆生自發三心，修慈心不殺行等，臨終蒙聖衆迎接，及往生後得種種勝益之相。

㈤中輩觀，即中輩生觀。觀中輩衆生受持五戒八戒、修孝養父母之行等，乃感得聖衆迎接而往生等相。

㈥下輩觀，也稱下輩生想。即觀下輩衆生雖造作惡業，然臨終遇善知識，而知稱念彌陀名號，因之得以往生，及蒙種種利益之相。

《阿彌陀經》是說有一次釋迦牟尼佛在舍衛國祇樹給孤獨園給比丘們講了這麼一件事。說是在西方很遠很遠的地方，另有一個世界，名字叫「極樂」，那個世界中有一尊佛，也正在說法。這尊佛的名字叫「阿彌陀」。

釋迦牟尼佛解釋說，爲什麼那個世界名叫極樂呢？那是因爲生活在那個世界中的一切衆生都永享幸福，沒有任何一點痛苦。然後釋迦牟尼佛詳細描繪了西方極樂世界的情況。他說：在那片國土上，有七寶池，池中充滿八功德水，池底全都是金沙布地，池的四周是用金、銀、琉璃等砌成的階梯。池中長滿了各色蓮花，每朵蓮花都大如車輪。到處都是亭臺樓閣，它們都裝飾著金、銀、琉璃、玻璃、硨磲、珍珠、瑪瑙等七寶。在那極樂世界中，空中經常奏響著美妙的天樂，地上永遠布滿了燦爛的黃金。每天到了一定的時刻，天上還會紛紛揚揚地飄下無數曼陀羅花。許多美麗的奇禽異鳥生活在這裏，它們婉轉美妙地鳴唱著。人們聽了它們的歌唱，便不由地讚頌佛、法、僧三寶。這兒還長著無數寶樹，每當微風吹動，寶樹便發出微妙的聲音，就像千百種樂器同時奏響了動聽的音符。釋迦牟尼佛解釋說，爲什麼西方極樂世界的那尊佛叫做「阿彌陀」呢？因爲這尊佛能發出無限量的光明，照亮十方世界，又因爲這尊佛及生活在他的佛國中的人的壽命都無量無邊。所以，「阿彌陀」的意思就是「無量光」或「無量壽」。

而後，釋迦牟尼佛強調說：如果有什麼人，他聽說了有關阿彌陀佛的功德莊嚴，虔誠地專心持念阿彌陀佛這一名字，那麼，等他臨終時，阿彌陀佛會帶領賢聖們出現在他面前，並接引他到西方極樂世界，讓他永遠生活在幸福之中。如果有什麼人發願，死後願往生到阿彌陀佛國中，那麼他一定能成就正果。

《阿彌陀經》等所代表的淨土信仰向人們開示了一條獨具特色的解脫道路：只要發願往生到阿彌陀佛國，只要一心念誦阿彌陀佛的名字，就能往生於西方極樂世界。這種看法，比起「自力拯救」的途徑，無疑是一個令人羨慕、神往的簡易功夫。阿彌陀信仰產生後，在塵世間困頓忙碌的想尋得精神安寧的人們，即刻對它表現出強烈的興趣，阿彌陀信仰在中土也愈演愈盛。

淨土三經所描繪的極樂世界，從某種意義上講，是一種宗教修行的境界。這種境界對於一個宗教徒說其意義自是勿庸置疑的。當然，淨土信仰的意義不僅限於此，它對於世俗社會和現實生活也是有重要的意義。

在現代生活中，因生活節奏的加快，生存環境的惡化與人際關係的冷漠，都使人的精神生活籠罩著迷障和陰影。現代物質文明飛速發展的情勢下，人們的內心生活存有著莫名的不安和騷動，他們在追尋精神的安祥寧靜，也尋求精神內守、回歸自己的精神家園的良方。西方淨土信仰所展示的極樂世界給現代人以有益的啓示。彌陀淨土實質上是佛教爲追求解脫的人們成就的一個理想國，也是佛教創始人所倡導的一種最高修行境界。這樣的國土佛境雖然離現實生活很遠很遠，拿現實來衡量可謂不可思議，但這樣的淨國卻離人的心智很近很近，人們的精神力量可以使自身的神識一下子飛昇到極樂境界。這樣的境界就是一個人在現實世界的漩渦中苦苦爭鬥、苦苦追求並無所著落時，通過精神內守、操存涵養而得來的一種家園的感覺，這樣的家園說什麼也是溫馨、歡樂、美好、莊嚴的。

淨土三經從宗教的角度描繪了人類精神家園的處處風光，並指示通向處處風光的條條道路。當淨土宗人及一切信衆在現世的苦難、不平與不安中，想求得精神的慰籍，追問精神家園的消息、追尋來自精神家園溫柔的關懷時，淨土三經中的大義，就會像聲聲親切的鄉音，陣陣悠揚的牧笛，把人引向寧靜的故鄉，引向精神的童年。引向人類生存的應然。

《觀無量壽經》所基於的宗教情感是眞誠的，十六觀所代表的宗教修行經驗也是獨到的。

《無量壽經》、《阿彌陀經》以獨特的形式設計精神家園的景觀、表達精神超昇的意願、透露宗教情懷下對人生的愛撫等等，都使衆生對淨土的信力更爲加強。

當我們帶著走向未來的情懷完善自己的人格、營造精神的樂園時，淨土信仰中往生彼岸的努力可以啓發我們加強修養，豐富心靈。

當我們在修養、生活過程中努力實現奮鬥目標、實現人生價值時，我們可以憑藉自力和他力的合力，憑藉著人類和平進步的大願，更好地在走向成功的道路上行進。

當我們在現實生活中被繁瑣的紛爭、支離的分析、冗長的空談、拘謹的思忖所困擾時，淨土三經也許能啓發我們找到超脫和拋棄一切不合理名相的易行大道。誠如是，將不枉淨土三經一片佛心。

參考書目

1《中國佛教史》（第一、二、三卷）任繼愈主編　中國社會科學出版社一九八一年版
2《漢魏兩晉南北朝佛教史》、《隋唐佛教史稿》　湯用彤著　中華書局一九八二年版
3《中國佛教》一、二、三、四册　知識出版社一九八九年版
4《中國佛性論》　賴永海著　上海人民出版社一九八八年版
5《佛教典籍百問》　方廣錩著　今日中國出版社一九八九年版
6《阿彌陀經白話解釋》　黃智海演述　中州古籍出版社
7《佛說阿彌陀經講錄》　知定法師講著　檀香山虛雲寺印行
8《佛說大乘無量壽莊嚴清淨平等覺經解》　黃念祖著　中州古籍出版社

人間福報 每日專欄

發行50萬冊，台灣各書局暢銷書

《迷悟之間》

星雲大師每冊80篇短文的隨機點撥，讓您在生命轉折處豁然開朗，去迷轉悟，邁向清新自在的人生。

迷悟之間（1）、（2）每冊定價220元　迷悟之間（3）至(6) 每冊定價200元

香海文化出版

全世界發行百萬冊・淨化心靈良方

《佛光菜根譚》

千則智慧語錄，富含人生哲理，又兼具文字優美，是各階層人士淨化身心的法寶；朋友間彼此接心橋樑；莘莘學子心性上的參考指南；佛弟子立身行事的準則。

美國多所大學選為授課教材

佛光菜根譚（1）、（2）

香海文化出版　平裝 每冊助印價100元

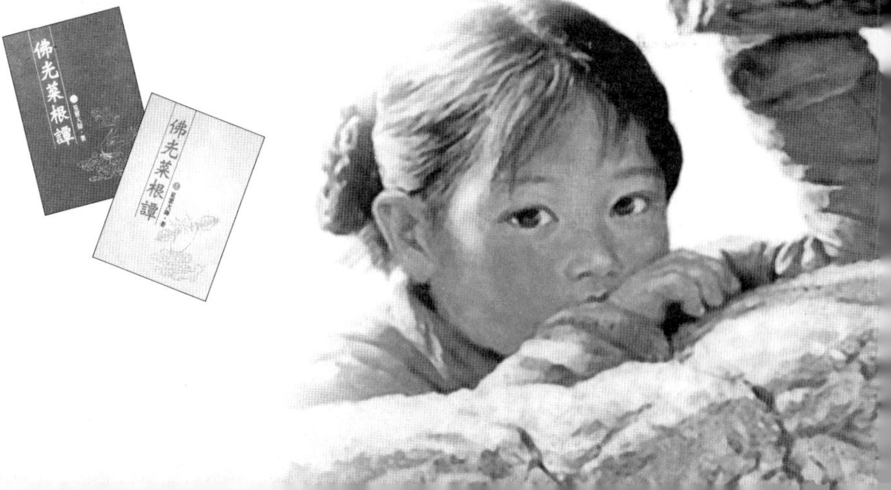

5406-2	印度哲學史略（下）- 湯用彤全集（四）	湯用彤著	350
5407-1	校點高僧傳（上）- 湯用彤全集（五）	湯用彤著	400
5407-2	校點高僧傳（下）- 湯用彤全集（五）	湯用彤著	400
5408	魏晉玄學- 湯用彤全集（六）	湯用彤著	550
5409-1	餖飣札記（上）- 湯用彤全集（七）	湯用彤著	450
5409-2	餖飣札記（下）- 湯用彤全集（七）	湯用彤著	450
5410	西方哲學講義- 湯用彤全集（八）	湯用彤著	450
5411	我看美國人	釋慈容著	250
5412	火燄化紅蓮	釋依瑞著	200
5413	有無之境－王陽明哲學的精神	陳　來著	400
5414	佛教與漢語詞彙梁	曉虹著	400
5504	六波羅蜜的研究	釋依日著	180
5505	禪宗無門關重要公案之研究	楊新瑛著	150
5506	原始佛教四諦思想	聶秀藻著	120
5507	般若與玄學	楊俊誠著	150
5508	大乘佛教倫理思想研究	李明芳著	120
5509	印度佛教蓮花紋飾之探討	郭乃彰著	120
5511	佛教文學對中國小說的影響	釋永祥著	120
5513	盛唐詩與禪	姚儀敏著	150
5514	禪宗思想的形成與發展	洪修平著	350
5515	晚唐臨濟宗思想評述	杜寒風著	220
5516	毫端舍利- 弘一法師出家前後書法風格之比較	李璧苑著	250
5517	龍樹菩薩中論八不思想探究	陳學仁著	380
5600	一句偈（一）	星雲大師等著	150
5601	一句偈（二）	鄭石岩等著	150
5602	善女人	宋雅姿等著	150
5603	善男子	傅偉勳等著	150
5604	生活無處不是禪	鄭石岩等著	150
5605	佛教藝術的傳人	陳清香等著	160
5606	與永恆對唱－細說當代傳奇人物	釋永芸等著	160
5607	疼惜阮青春－琉璃人生1	王靜蓉等著	150
5608	三十三天天外天－琉璃人生2	林清玄等著	150
5609	平常歲月平常心－琉璃人生3	薇薇夫人等著	150
5610	九霄雲外有神仙－琉璃人生4	夏元瑜等著	150
5611	生命的活水（一）	陳履安等著	160
5612	生命的活水（二）	高希均等著	160
5613	心行處滅－禪宗的心靈治療個案	黃文翔著	150
5614	水晶的光芒（上）200	王靜蓉等著	200
5615	水晶的光芒（下）200	梁寒衣等著	200
5616	全新的一天	廖輝英等著	150
5700	譬喻	釋性瀅著	120
5701B	千江映月－星雲說偈（一）	星雲大師著	200

5702B	廬山煙雲－星雲說偈（二）	星雲大師著	200
5707	經論指南－藏經序文選譯	圓香等著	200
5800	1976年佛學研究論文集	東初長老等著	350
5801	1977年佛學研究論文集	楊白衣等著	350
5802	1978年佛學研究論文集	印順長老等著	350
5803	1979年佛學研究論文集	霍韜晦等著	350
5804	1980年佛學研究論文集	張曼濤等著	350
5805	1981年佛學研究論文集	程兆熊等著	350
5806	1991年佛學研究論文集	鎌田茂雄等著	350
5807	1992年佛學研究論文集-中國歷史上的佛教問題		400
5808	1993年佛學研究論文集-佛教未來前途之開展		350
5809	1994年佛學研究論文集－佛與花		400
5810	1995年佛學研究論文集-佛教現代化		400
5811	1996年佛學研究論文集(一)-當代台灣的社會與宗教		350
5812	1996年佛學研究論文集(二)-當代宗教理論的省思		350
5813	1996年佛學研究論文集(三)-當代宗教的發展趨勢		350
5814	1996年佛學研究論文集(四)-佛教思想的當代詮釋		350
5815	1993年佛學研究論文集-BUDDHISM ACROSS BOUNDARIES		350
5816	1998年佛學研究論文集-佛教音樂(一)		350
5817	2000年佛學研究論文集-佛教音樂(二)		400
5818	2001年佛學研究論文集－人間佛教		300
5819	2002年佛學研究論文集－宗教音樂		300
5900	佛教歷史百問	業露華著	180
5901	佛教文化百問	何　雲著	180
5902	佛教藝術百問	丁明夷等著	180
5904	佛教典籍百問	方廣錩著	180
5905	佛教密宗百問	李冀誠等著	180
5906	佛教氣功百問	陳　兵著	180
5907	佛教禪宗百問	潘桂明著	180
5908	道教氣功百問	陳　兵著	180
5909	道教知識百問	盧國龍著	180
5911	禪詩今譯百首	王志遠等著	180
5912	印度宗教哲學百問	姚衛群著	180
5913	基督教知識百問樂	樂　峰等著	180
5914	伊斯蘭教歷史百問	沙秋眞等著	180
5915	伊斯蘭教文化百問	馮今源等著	180
P009	往事百語（一套6冊）	星雲大師著	600
	用世叢書	著者	定價
7501	佛光山靈異錄	釋依空等著	100
7502	怎樣做個佛光人	星雲大師講	50
7804	人生雙贏的磐石	蕭武桐著	200
7805	開闊心・清淨心	圖丹卻准著	280

3651	洞山良价大師傳（中國佛教高僧全集51）	馮學成著	250
3639	黃檗希運大師傳（中國佛教高僧全集52）	趙福蓮著	250
3654	黃龍慧南大師傳（中國佛教高僧全集53）	趙嗣崇著	250
3655	雪竇重顯大師傳（中國佛教高僧全集54）	李安綱著	250
3644	溈山靈佑大師傳（中國佛教高僧全集55）	闞緒良著	250
3683	陳那大師傳（中國佛教高僧全集56）	徐東來著	250
3653	楊歧方會大師傳（中國佛教高僧全集57）	趙嗣滄著	250
3638	神秀大師傳（中國佛教高僧全集58）	洪鶴舞著	250
3691	太虛大師傳（中國佛教高僧全集59）	史雙元、劉漢龍著	350
3637	弘忍大師傳（中國佛教高僧全集60）	賈香娟著	250
3689	提婆大師傳（中國佛教高僧全集61）	謝　銳著	250
3649	牛頭法融傳（中國佛教高僧全集62）	趙定耀著	250
3641	懷讓大師傳（中國佛教高僧全集63）	毛水清著	250
3635	僧璨大師傳（中國佛教高僧全集64）	程世和著	250
3647	神會大師傳（中國佛教高僧全集65）	章義和著	250
3650	曹山本寂大師傳（中國佛教高僧全集66）	項　東著	250
3652	法眼文益傳（中國佛教高僧全集67）	朱　峰著	250
3623	中峰明本大師傳（中國佛教高僧全集68）	馮學成著	250
3697	大慧宗杲大師傳（中國佛教高僧全集69）	李乃龍著	250
3616	知禮大師傳（中國佛教高僧全集70）	郭梅、吳志翔著	250
3631	吉藏大師傳（中國佛教高僧全集71）	康震著	250
3664	窺基大師傳（中國佛教高僧全集72）	衛崇新著	250
3660	智嚴大師傳（中國佛教高僧全集73）	姜光斗著	250
3659	杜順大師傳（中國佛教高僧全集74）	包禮祥著	250
3700	日本禪僧涅槃記（上）	曾普信著	150
3701	日本禪僧涅槃記（下）	曾普信著	150
3702	仙崖禪師軼事	石村善右著．周淨儀譯	100
3900	印度佛教史概說	佐佐木教悟等著．釋達和譯	200
3901	韓國佛教史	愛宕顯昌著．轉瑜譯	100
3902	印度教與佛教史綱（一）	查爾斯．愛利奧特著．李榮熙譯	300
3903	印度教與佛教史綱（二）	查爾斯．愛利奧特著．李榮熙譯	300
3905	大史（上）	摩訶那摩等著．韓廷傑譯	350
3906	大史（下）	摩訶那摩等著．韓廷傑譯	350
	教理叢書	著者	定價
4002	中國佛教哲學名相選釋	吳汝鈞著	140
4003	法相	釋慈莊著	250
4200	佛教中觀哲學	山雄一著．吳汝鈞譯	140
4201	大乘起信論講記	方　倫　著	140
4202	觀心．開心－大乘百法明門論解說1	釋依昱著	220
4203	知心．明心－大乘百法明門論解說2	釋依昱著	200
4205	空入門	山雄一著．吳汝鈞譯	170
4302	唯識思想要義	徐典正著	140

4700	眞智慧之門	侯秋東著	140
4701	中國佛教哲學要義（上、下冊）	方立天著	1000
	文選叢書	著者	定價
5001	星雲大師講演集（一）	星雲大師著	(精)300
5101B	石頭路滑－星雲禪話（一）	星雲大師著	200
5102B	沒時間老－星雲禪話（二）	星雲大師著	200
5103B	活得快樂－星雲禪話（三）	星雲大師著	200
5104B	大機大用－星雲禪話（四）	星雲大師著	200
5107B	圓滿人生－星雲法語（一）	星雲大師著	200
5108B	成功人生－星雲法語（二）	星雲大師著	200
5113	心甘情願－星雲百語（一）	星雲大師著	100
5114	皆大歡喜－星雲百語（二）	星雲大師著	100
5115	老二哲學－星雲百語（三）	星雲大師著	100
5201	星雲日記（一）安然自在	星雲大師著	150
5202	星雲日記（二）創造全面的人生	星雲大師著	150
5203	星雲日記（三）不負西來意	星雲大師著	150
5204	星雲日記（四）凡事超然	星雲大師著	150
5205	星雲日記（五）人忙心不忙	星雲大師著	150
5206	星雲日記（六）不請之友	星雲大師著	150
5207	星雲日記（七）找出內心平衡點	星雲大師著	150
5208	星雲日記（八）慈悲不是定點	星雲大師著	150
5209	星雲日記（九）觀心自在	星雲大師著	150
5210	星雲日記（十）勤耕心田	星雲大師著	150
5211	星雲日記（十一）菩薩情懷	星雲大師著	150
5212	星雲日記（十二）處處無家處處家	星雲大師著	150
5213	星雲日記（十三）法無定法	星雲大師著	150
5214	星雲日記（十四）說忙說閒	星雲大師著	150
5215	星雲日記（十五）緣滿人間	星雲大師著	150
5216	星雲日記（十六）禪的妙用	星雲大師著	150
5217	星雲日記（十七）不二法門	星雲大師著	150
5218	星雲日記（十八）把心找回來	星雲大師著	150
5219	星雲日記（十九）談心接心	星雲大師著	150
5220	星雲日記（二十）談空說有	星雲大師著	150
5221S	星雲日記（二一）～（四四）	星雲大師著	3600
5400	覺世論叢	星雲大師著	100
5401	寶藏瓔珞	林伯謙　著	250
5402	雲南大理佛教論文集	藍吉富等著	350
5403-1	漢魏兩晉南北朝佛教史（上）－湯用彤全集（一）	湯用彤著	500
5403-2	漢魏兩晉南北朝佛教史（下）－湯用彤全集（一）	湯用彤著	500
5404	隋唐佛教史稿－湯用彤全集（二）	湯用彤著	550
5405	理學．佛學．印度學－湯用彤全集（三）	湯用彤著	550
5406-1	印度哲學史略（上）－湯用彤全集（四）	湯用彤著	350

2500	淨土十要（上）	蕅益大師選	180
2501	淨土十要（下）	蕅益大師選	180
2700	頓悟的人生	釋依空著	150
2701	盛唐禪宗文化與詩佛王維	傳紹良著	250
2800	現代西藏佛教	鄭金德著	300
2801	藏學零墨	王　堯著	150
2803	西藏文史考信集	王　堯著	240
2805	西藏佛教之寶	許明銀著	280
2806	水晶寶鬘－藏學文史論集	王　堯著	380
	史傳叢書	著者	定價
3000	中國佛學史論	褚柏思著	150
3001	唐代佛教	外因斯坦著・釋依法譯	300
3002	中國佛教通史（第一卷）	鎌田茂雄著・關世謙譯	250
3003	中國佛教通史（第二卷）	鎌田茂雄著・關世謙譯	250
3004	中國佛教通史（第三卷）	鎌田茂雄著・關世謙譯	250
3005	中國佛教通史（第四卷）	鎌田茂雄著・佛光文化譯	250
3100	中國禪宗史話	褚柏思著	120
3200	釋迦牟尼佛傳	星雲大師著	180
3201	十大弟子傳	星雲大師著	150
3300	中國禪	鎌田茂雄著・關世謙譯	150
3303	天台大師	宮崎忠尚著・周淨儀譯	130
3304	十大名僧	洪修平等著	150
3305	人間佛教的星雲星雲大師行誼（一）	佛光文化編	150
3400	玉琳國師	星雲大師著	130
3401	緇門崇行錄	蓮池大師著	120
3402	佛門佳話	月基法師著	150
3403	佛門異記（一）	煮雲法師著	180
3404	佛門異記（二）	煮雲法師著	180
3405	佛門異記（三）	煮雲法師著	180
3406	金山活佛	煮雲法師著	130
3408	弘一大師與文化名流	陳　星著	150
3500	皇帝與和尚	煮雲法師著	130
3501	人間情味豐子愷	陳　星著	250
3502	豐子愷的藝術世界	陳　星著	160
3600	玄奘大師傳（中國佛教高僧全集1）	圓　香著	350
3601	鳩摩羅什大師傳（中國佛教高僧全集2）	宣建人著	250
3602	法顯大師傳（中國佛教高僧全集3）	陳白夜著	250
3603	惠能大師傳（中國佛教高僧全集4）	陳南燕著	250
3604	蓮池大師傳（中國佛教高僧全集5）	項冰如著	250
3605	鑑眞大師傳（中國佛教高僧全集6）	傅　傑著	250
3606	曼殊大師傳（中國佛教高僧全集7）	陳　星著	250
3607	寒山大師傳（中國佛教高僧全集8）	薛家柱著	250
3608	佛圖澄大師傳（中國佛教高僧全集9）	葉　斌著	250
3609	智者大師傳（中國佛教高僧全集10）	王仲堯著	250
3610	寄禪大師傳（中國佛教高僧全集11）	周維強著	250
3611	憨山大師傳（中國佛教高僧全集12）	項　東著	250
3657	懷海大師傳（中國佛教高僧全集13）	華鳳蘭著	250
3661	法藏大師傳（中國佛教高僧全集14）	王仲堯著	250
3632	僧肇大師傳（中國佛教高僧全集15）	張　強著	250
3617	慧遠大師傳（中國佛教高僧全集16）	傅紹良著	250
3679	道安大師傳（中國佛教高僧全集17）	龔　雋著	250
3669	紫柏大師傳（中國佛教高僧全集18）	張國紅著	250
3656	圜悟克勤大師傳（中國佛教高僧全集19）	吳言生著	250
3676	安世高大師傳（中國佛教高僧全集20）	趙福蓮著	250
3681	義淨大師傳（中國佛教高僧全集21）	王亞榮著	250
3684	眞諦大師傳（中國佛教高僧全集22）	李利安著	250
3680	道生大師傳（中國佛教高僧全集23）	楊維中著	250
3693	弘一大師傳（中國佛教高僧全集24）	陳　星著	250
3671	讀體見月大師傳（中國佛教高僧全集25）	溫金玉著	250
3672	僧祐大師傳（中國佛教高僧全集26）	章義和著	250
3648	雲門大師傳（中國佛教高僧全集27）	李安綱著	250
3633	達摩大師傳（中國佛教高僧全集28）	程世和著	250
3667	懷素大師傳（中國佛教高僧全集29）	劉明立著	250
3688	世親大師傳（中國佛教高僧全集30）	李安利著	250
3625	印光大師傳（中國佛教高僧全集31）	李向平著	250
3634	慧可大師傳（中國佛教高僧全集32）	李修松著	250
3646	臨濟大師傳（中國佛教高僧全集33）	吳言生著	250
3666	道宣大師傳（中國佛教高僧全集34）	王亞榮著	250
3643	趙州從諗大師傳（中國佛教高僧全集35）	陳白夜著	250
3662	清涼澄觀大師傳（中國佛教高僧全集36）	張新科著	250
3678	佛陀耶舍大師傳（中國佛教高僧全集37）	李恕豪著	250
3690	馬鳴大師傳（中國佛教高僧全集38）	侯傳文著	250
3640	馬祖道一大師傳（中國佛教高僧全集39）	李　浩著	250
3663	圭峰宗密大師傳（中國佛教高僧全集40）	徐湘靈著	250
3620	曇鸞大師傳（中國佛教高僧全集41）	傅紹良著	250
3642	石頭希遷大師傳（中國佛教高僧全集42）	劉眞倫著	250
3658	來果大師傳（中國佛教高僧全集43）	姚華著	250
3615	湛然大師傳（中國佛教高僧全集44）	姜光斗著	250
3636	道信大師傳（中國佛教高僧全集45）	劉　蘋著	250
3677	康僧會大師傳（中國佛教高僧全集46）	莊輝明著	250
3645	仰山慧寂大師傳（中國佛教高僧全集47）	梁歸智著	250
3622	永明延壽大師傳（中國佛教高僧全集48）	馮巧英著	250
3614	章安大師傳（中國佛教高僧全集49）	黃德昌著	250
3613	慧思大師傳（中國佛教高僧全集50）	朱曉江著	250

1180	大佛頂首楞嚴經	圓　香著	200
1181	成實論	陸玉林釋譯	200
1182	俱舍要義	楊白衣著	200
1183	佛說梵網經	季芳桐釋譯	200
1184	四分律	溫金玉釋譯	200
1185	戒律學綱要	釋聖嚴著	200
1186	優婆塞戒經	釋能學著	200
1187	六度集經	梁曉虹釋譯	200
1188	百喻經	屠友祥釋譯	200
1189	法句經	吳根友釋譯	200
1190	本生經的起源及其開展	釋依淳著	200
1191	人間巧喻	釋依空著	200
1192	大乘本生心地觀經	圓　香著	200
1193	南海寄歸內法傳	華　濤釋譯	200
1194	入唐求法巡禮記	潘　平釋譯	200
1195	大唐西域記	王邦維釋譯	200
1196	比丘尼傳	朱志良・詹緒左釋譯	200
1197	弘明集	吳　遠釋譯	200
1198	出三藏記集	呂有祥釋譯	200
1199	牟子理惑論	梁慶寅釋譯	200
1200	佛國記	吳玉貴釋譯	200
1201	宋高僧傳	賴永海釋譯	200
1202	唐高僧傳	賴永海釋譯	200
1203	梁高僧傳	賴永海釋譯	200
1204	異部宗輪論	姚治華釋譯	200
1205	廣弘明集	鞏本棟釋譯	200
1206	輔教編	張宏生釋譯	200
1207	釋迦牟尼佛傳	星雲大師著	200
1208	中國佛教名山勝地寺志	林繼中釋譯	200
1209	敕修百丈清規	謝重光釋譯	200
1210	洛陽伽藍記	曹　虹釋譯	200
1211	佛教新出碑志集粹	丁明夷釋譯	200
1212	佛教文學對中國小說的影響	釋永祥著	200
1213	佛遺教三經	藍　天釋譯	200
1214	大般涅槃經	高振農釋譯	200
1215	地藏本願經外二部	陳利權・伍玲玲釋譯	200
1216	安般守意經	杜繼文釋譯	200
1217	那先比丘經	吳根友釋譯	200
1218	大毘婆沙論	徐醒生釋譯	200
1219	大乘大義章	陳揚炯釋譯	200
1220	因明入正理論	宋立道釋譯	200
1221	宗鏡錄	潘桂明釋譯	200

1222	法苑珠林	王邦維釋譯	200
1223	經律異相	白化文・李鼎霞釋譯	200
1224	解脫道論	黃夏年釋譯	200
1225	雜阿毘曇心論	蘇　軍釋譯	200
1226	弘一大師文集選要	弘一大師著	200
1227	滄海文集選集	釋幻生著	200
1228	勸發菩提心文講話	釋聖印著	200
1229	佛經概說	釋慈惠著	200
1230	佛教的女性觀	釋永明著	200
1231	涅槃思想研究	張曼濤著	200
1232	佛學與科學論文集	梁乃崇等著	200
1300	法華經教釋	太虛大師著	350
1301	觀世音菩薩普門品講話	森下大圓著・星雲大師譯	150
1400	成唯識論直解（上、下兩冊）	林國良著	800
1600	華嚴經講話	鎌田茂雄著・釋慈怡譯	220
1700	六祖壇經註釋	唐一玄著	180
1800	金剛經及心經釋義	張承斌著	100
1805	金剛般若波羅蜜經講話	釋竺摩著	150

	概論叢書	著者	定價
2001	佛學概論	蔣維喬著	130
2002	佛教的起源	楊曾文著	130
2003	佛道詩禪	賴永海著	180
2004	中國佛教百科叢書・經典卷	陳士強著	350
2005	中國佛教百科叢書・教義卷	業露華著	250
2006	中國佛教百科叢書・歷史卷	潘桂明・董群・麻天祥著	350
2007	中國佛教百科叢書・宗派卷	潘桂明著	320
2008	中國佛教百科叢書・人物卷	董　群著	320
2009	中國佛教百科叢書・儀軌卷	楊維中等著	300
2010	中國佛教百科叢書・詩偈卷	張宏生著	280
2011	中國佛教百科叢書・書畫卷	章利國著	300
2012	中國佛教百科叢書・建築卷	鮑家聲・蕭玥著	250
2013	中國佛教百科叢書・雕塑卷	劉道廣著	250
2100	佛家邏輯研究	霍韜晦著	150
2101	中國佛性論	賴永海著	250
2102	中國佛教文學	加地哲定著・劉衛星譯	180
2103	敦煌學	鄭金德著	180
2104	宗教與日本現代化	村上重良著・張大柘釋	150
2200	金剛經靈異	張少齊著	140
2201	佛與般若之眞義	圓　香著	120
2300	天台思想入門	鎌田茂雄著・轉瑜譯	180
2301	宋初天台佛學窺豹	王志遠著	150
2401	談心說識	釋依昱著	160

佛光文化出版品目錄

經典叢書		著者	定價
1000	八大人覺經十講	星雲大師著	120
1001	圓覺經自課	唐一玄著	120
1002	地藏經講記	釋依瑞著	250
1005	維摩經講話	釋竺摩著	300
1101	中阿含經	梁曉虹釋譯	200
1102	長阿含經	陳永革釋譯	200
1103	增一阿含經	耿　敬釋譯	200
1104	雜阿含經	吳　平釋譯	200
1105	金剛經	程恭讓釋譯	200
1106	般若心經	程恭讓・東初長老釋譯	200
1107	大智度論	郟廷礎釋譯	200
1108	大乘玄論	邱高興釋譯	200
1109	十二門論	周學農釋譯	200
1110	中論	韓廷傑釋譯	200
1111	百論	強　昱釋譯	200
1112	肇論	洪修平釋譯	200
1113	辯中邊論	魏德東釋譯	200
1114	空的哲理	道安法師著	200
1115	金剛經講話	星雲大師著	200
1116	人天眼目	方　銘釋譯	200
1117	大慧普覺禪師語錄	潘桂明釋譯	200
1118	六祖壇經	李　申釋譯	200
1119	天童正覺禪師語錄	杜寒風釋譯	200
1120	正法眼藏	董　群釋譯	200
1121	永嘉證道歌・信心銘	何勁松・釋弘憫釋譯	200
1122	祖堂集	葛兆光釋譯	200
1123	神會語錄	邢東風釋譯	200
1124	指月錄	吳相洲釋譯	200
1125	從容錄	董　群釋譯	200
1126	禪宗無門關	魏道儒釋譯	200
1127	景德傳燈錄	張　華釋譯	200
1128	碧巖錄	任澤鋒釋譯	200
1129	緇門警訓	張學智釋譯	200
1130	禪林寶訓	徐小躍釋譯	200
1131	禪林象器箋	杜曉勤釋譯	200
1132	禪門師資承襲圖	張春波釋譯	200
1133	禪源諸詮集都序	閻　韜釋譯	200
1134	臨濟錄	張伯偉釋譯	200
1135	來果禪師語錄	來果禪師著	200
1136	中國佛學特質在禪	太虛大師著	200
1137	星雲禪話	星雲大師著	200
1138	禪話與淨話	方　倫著	200
1139	釋禪波羅蜜次第法門	黃連忠釋譯	200
1140	般舟三昧經	吳立民・徐孫銘釋譯	200
1141	淨土三經	王月清釋譯	200
1142	佛說彌勒上生下生經	業露華釋譯	200
1143	安樂集	業露華釋譯	200
1144	萬善同歸集	袁家耀釋譯	200
1145	維摩詰經	賴永海釋譯	200
1146	藥師經	陳利權・釋竺摩釋譯	200
1147	佛堂講話	道源法師著	200
1148	信願念佛	印光大師著	200
1149	精進佛七開示錄	煮雲法師著	200
1150	往生有分	妙蓮長老著	200
1151	法華經	董　群釋譯	200
1152	金光明經	張文良釋譯	200
1153	天台四教儀	釋永本釋譯	200
1154	金剛錍	王志遠釋譯	200
1155	教觀綱宗	王志遠釋譯	200
1156	摩訶止觀	王雷泉釋譯	200
1157	法華思想	平川彰等著	200
1158	華嚴經	高振農釋譯	200
1159	圓覺經	張保勝釋譯	200
1160	華嚴五教章	徐紹強釋譯	200
1161	華嚴金師子章	方立天釋譯	200
1162	華嚴原人論	李錦全釋譯	200
1163	華嚴學	龜川教信著・釋印海譯	200
1164	華嚴經講話	鎌田茂雄著・釋慈怡譯	200
1165	解深密經	程恭讓釋譯	200
1166	楞伽經	賴永海釋譯	200
1167	勝鬘經	王海林釋譯	200
1168	十地經論	魏常海釋譯	200
1169	大乘起信論	蕭萐父釋譯	200
1170	成唯識論	韓廷傑釋譯	200
1171	唯識四論	陳　鵬釋譯	200
1172	佛性論	龔　雋釋譯	200
1173	瑜伽師地論	王海林釋譯	200
1174	攝大乘論	王　健釋譯	200
1175	唯識史觀及其哲學	釋法舫著	200
1176	唯識三頌講記	于凌波著	200
1177	大日經	呂建福釋譯	200
1178	楞嚴經	李富華釋譯	200
1179	金剛頂經	夏金華釋譯	200

中國佛教經典寶藏 精選白話版・淨土三經

總監修　**星雲大師**
發行人　佛光山宗務委員會
心定和尚　慈莊法師　慈惠法師
慈容法師　慈嘉法師　依嚴法師
依恒法師　依空法師　依淳法師
一九九七年四月初版
二〇〇四年七月初版五刷

總編輯　慈惠法師　依空法師（台灣）；王志遠　賴永海（大陸）
釋譯者　王月清
法律顧問　舒建中　毛英富律師
出版者　**佛光文化事業有限公司**
連絡處　高雄縣大樹鄉佛光山寺　☎（〇七）六五六一九二一轉一二八八・一二八九
E-mail:fgce@fgs.org.tw
流通處　**佛光出版社**
高雄縣大樹鄉興田村興田路一一六—七號　☎（〇七）六五六四〇三八
香海文化
台北市松隆路三二七號九樓　☎（〇二）二七四八三三〇二
佛光山滴水書坊
高雄縣大樹鄉佛光山寺　☎（〇七）六五六一九二一—六一〇二
佛光書局
台北縣永和市中正路四四六號　☎（〇二）二九二三二七四八
台北縣三重市三和路三段一一七號　☎（〇二）二九八四九五二三
宜蘭市中山路二五七號　☎（〇三九）三三〇三三三—二〇九
台南縣永康市中華路四一三巷一號　☎（〇六）二三二七一六〇
高雄市前金區賢中街二七號　☎（〇七）二七二八六四九
定價　二〇〇元
郵政劃撥第一八八八九四四八號　帳戶：佛光文化事業有限公司
行政院新聞局出版事業登記證局版台省業字第八六二一號

國家圖書館出版品預行編目資料

淨土三經 / 王月清釋譯. -- 初版. -- 高雄縣大
樹鄉 : 佛光, 1997[民86]
面 ; 公分. -- (佛光經典叢書 ; 1141)(
中國佛教經典寶藏精選白話版 ; 41)
參考書目:面
ISBN 957-543-546-X(精裝). -- ISBN 957-
543-547-8(平裝)

1. 方等部

221.34 85012572